中华爱国人物故事

ZHONGHUA AIGUO RENWU GUSHI

驰骋疆场名震词坛的辛弃疾

伊 鸥 编著

吉林人民出版社

图书在版编目(CIP)数据

驰骋疆场名震词坛的辛弃疾 / 伊鸥编著. -- 长春：吉林人民出版社，2011.5
（中华爱国人物故事）
ISBN 978-7-206-07877-4

Ⅰ.①驰… Ⅱ.①伊… Ⅲ.①辛弃疾(1140~1207)-生平事迹 Ⅳ.①K825.6

中国版本图书馆CIP数据核字(2011)第075814号

驰骋疆场名震词坛的辛弃疾
CHICHENG JIANGCHANG MING ZHEN CITAN DE XIN QIJI

编　著：伊　鸥
责任编辑：郝晨宇　　　　封面设计：七　洱
吉林人民出版社出版 发行（长春市人民大街7548号 邮政编码：130022）
印　刷：鸿鹄（唐山）印务有限公司
开　本：670mm×950mm　　1/16
印　张：8　　　　　　　　字　数：70千字
标准书号：ISBN 978-7-206-07877-4
版　次：2011年5月第1版　　印　次：2023年6月第4次印刷
定　价：35.00元

如发现印装质量问题，影响阅读，请与出版社联系调换。

总　序

胡维革

《中华爱国人物故事》是一套故事丛书。它汇集了我国历史上80位古圣先贤、民族英雄、志士仁人、革命领袖、先进模范人物的生动感人史迹,表现了作为中华民族优秀传统的伟大的爱国主义精神。

爱国主义是人们对于"生于斯、长于斯、衣食于斯"的祖国的一种神圣感情,是人们对于自己民族的一种强烈的责任感和使命感,是感召和激励整个中华民族的一面永不褪色的旗帜。在漫长的历史上,爱国主义一直激励着中华儿女为祖国的独立、统一、进步和繁荣而英勇奋斗。从伟大的思想家教育家孔子到统一全国的千古一帝秦始皇,从秉笔直书著《史记》的司马

◆ 中华爱国人物故事

迁到鞠躬尽瘁死而后已的诸葛亮,从伟大的浪漫主义诗人李白到精忠报国的民族英雄岳飞,从七下西洋传播友谊的郑和到抗击倭寇的民族英雄戚继光,从苟利国家生死以的林则徐到为变法流血的第一人谭嗣同,从威震敌胆的抗联将军杨靖宇到人民音乐家聂耳与冼星海,从踏遍青山人未老的李四光到万婴之母林巧稚,从县委书记的好榜样焦裕禄到情系雪域献身高原的孔繁森……都表现出了强烈的爱国主义精神。正是由于热爱祖国的人们前仆后继地奋斗,国家和民族才得以生存,历经一次次历史危急关头而能转危为安,走向兴盛和富强,从而屹立于世界民族之林。爱国主义是鼓舞中华儿女历经忧患、跨越沧桑、百折不挠、自强不息的伟大力量,它贯穿于中华民族的整个历史,并有力

总序

地凝聚着五洲四海的中国人。

爱国主义是一个历史的范畴,在社会发展的不同阶段、不同时期有着不同的具体内容。革命时期,需要我们为祖国的独立自主出生入死;建设时期,需要我们为祖国的繁荣富强增砖添瓦;在全国各族人民团结一心建设富强、民主、文明、和谐的社会主义现代化国家的今天,我们要争做一名新时期的爱国者。新时期的爱国者要有强烈的民族自尊心和自豪感。民族自尊心和自豪感是任何时期任何爱国者都必须具备的情感。民族自尊心能增强我们自立向上的恒心,民族自豪感能树立我们建设祖国的信心。要树立"祖国高于一切"的崇高信念,为了祖国和人民的利益不惜抛却个人的利益,甚至不惜牺牲个人的生命。要树立终身学习的理念,拓

◆ 中华爱国人物故事

宽自己的知识面,广泛吸收新知识新技术,完善自身的知识结构,更新学习知识的方法与理念,从思想上、知识上充分武装自己,为祖国的繁荣昌盛贡献力量。

　　爱国主义思想的继承和发扬,是关系到民族盛衰、国家兴亡的根本问题。一代代人爱国主义思想情操的形成,需要不断地培养。培养爱国主义的一个重要途径是向爱国主义的英雄人物和典范事迹学习。这套丛书的出版,对于人们向英雄和先进人物学习,特别是对于在中小学生中进行爱国主义教育,将可提供一些生动的教材。祝愿此书出版发行成功,为培养"四有"新人做出贡献。

于2011年4月23日
世界读书日

编委会

策　划：胡维革　吴铁光
　　　　　林　巍　李达豪
主　编：胡维革　邢万生
副主编：贾淑文　吴兰萍
编　委：（按姓氏笔画为序）
　　　　　于二辉　门雄甲
　　　　　刘士琳　刘文辉
　　　　　孙建军　李相梅
　　　　　李艳萍　杨九屹
　　　　　谷艳秋　陈亚南
　　　　　隋　军　韩志国

目录
CONTENTS

◎ 012　靖康耻后　政局飘摇

◎ 017　幼承家教　文武兼修

◎ 027　壮岁拥旌　起义南归

◎ 034　勇杀叛贼　扬名立威

◎ 045　三献奇策　志图恢复

目 录
CONTENTS

滁州任上　初显身手　071

地方任上　政绩斐然　084

退居带湖　自号"稼轩"　095

鹅湖之会　道义情深　110

英雄暮年　空留余恨　122

靖康耻后　政局飘摇

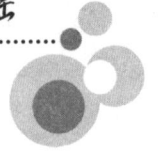

北宋靖康元年（1126年），金以重兵围汴京（今河南开封）。第二年春，宋朝的徽宗、钦宗被俘虏，北宋宣告灭亡，同年五月，徽宗的第九个儿子康王赵构在应天府即位后仓皇南逃，最后在临安临时安顿下来，建立了南宋。从那时起，直到金、宋先后为蒙古人建立的元朝所灭，宋、金之间的战火可以说是屡屡兴起。宋建炎三年（1129年）金兵长驱直入，宋军几无还手之力，高宗仓促出海逃跑，北方中原的大片土地，成了金人的跑马场。

高宗即位的第二年，金国又继续大举南侵，于公元1129年金国又立

开封，北宋都城汴京。

刘豫为帝，国号齐，史称"伪齐"，以加强对黄河以南地区的统治。南宋派出岳飞、韩世忠、宗泽、刘光世、张浚等众多将领指挥抗金北伐，在黄河两岸曾经击退伪齐军与金国的联军。

宋高宗赵构像

宋高宗1138年任秦桧为相，推行求和政策。秦桧削去抗金将领韩世忠的兵权。1138年宋金初次协议，南宋取回包含开封的河南、陕西之地。1140年，金朝撕毁协议，金军分三路大举南侵，重占宋朝首都开封，宋军在许多抗金名将指挥下，取得辉煌战果。尤其是岳飞在郾城与金兵将领兀术会战，力挫金兵，乘机进兵朱仙镇，收复了黄河以南一带，距开封只有四十五里。后来，高宗希望换回在金朝的生母与父亲徽宗的遗体，答应金朝杀岳飞、割地赔款等一系列要求，以十二道金牌下令岳飞班师回朝，岳飞服从命令，在1142年1月以"莫须有"的罪名杀害了岳

飞、岳云父子。宋高宗以向金国纳贡称臣为代价,换回了东南半壁江山的统治权。

宋室也曾由刘光世、张浚、韩侂胄、虞允文等众多抗金将领指挥抗金北伐,在黄河两岸也曾经击溃伪齐军与金国的联军,收复淮河两岸不少失地并签订多项条约。

张浚北伐失败后,签订《隆兴和议》(又名《干道和议》),把原本向金称臣改为叔侄关系,金为叔,宋为侄,金改诏表为国书,岁贡改为岁币,割让秦州及商州,维持疆界。绢贡由二十五万减至二十万,岁币减至二十万银两,其余大致与绍兴十一年和议条款相同。和议从第二年乾道元年生效,故又称"乾道之盟"。此后四十余年,宋、金两国没有大的战事。

宋宁宗(赵扩)嘉泰末年,金受蒙古攻扰,国势渐衰,宋宰臣韩侂胄意欲北伐,得到辛弃疾、郑挺、邓友龙等人的赞同和支持。开禧二年(1206年)五月,宋宁宗下诏北伐,后来被金击退。嘉定元年(1208年),宋金达成和议,宋增岁币三十万两。其后,金国力日衰。嘉定十年(1217年),宋金又复战,直至金亡。

在绍定五年(1232年),宋攻下金的郑州及唐州等地。金哀宗在汴京失守后逃往归德,再逃至蔡州。哀宗向宋理宗提议联手抗蒙,向理宗说明"唇齿相依,唇亡齿寒"的道理。但即位不久的理宗在国家及民族仇恨和耻辱下，及在朝臣的建议下，并没有理会哀宗要求，继续伐金。公元1234年，金国蔡州被蒙宋联军攻陷，金哀宗自缢，金灭亡。南宋在蒙古族灭亡金朝后，失去金朝作为屏障，令南宋面临比金更强大的蒙古南下威胁。

　　1235年，蒙军首次南侵，被击退。蒙军并不甘心失败，于次年九月和第三年两次南侵，其前部几乎接近长江北岸。由于宋军奋勇作战，打败蒙军，再一次挫败蒙军渡江南下的企图。而后，南宋军民又在抗蒙将领孟珙、余玠等人的指挥下，多次击败蒙军，使其不得不企图绕道而行。1259年，蒙古帝国蒙哥汗在攻打合州时被宋军

岳飞像

的流矢所伤而死于军中。其弟忽必烈正于鄂州与宋军交战，听到消息后，立即准备撤军以便夺取大汗之位，而此时南宋权臣贾似道派人与忽必烈议和，以保太平。这样忽必烈直接返回北方自立为汗。

1267年，忽必烈下令攻打南宋的重镇襄阳，是为襄樊之战。宋军利用汉水不断把粮草送入城内，才能坚守城池。守将吕文德及吕文焕坚守城池六年，贾似道派了范文虎及李庭芝援助，但两人之间不和。贾似道封锁了所有蒙古南侵的消息，皇帝并不知此事。公元1271年，忽必烈建立元朝。1272年，张顺、张贵两兄弟的义兵曾血战元军。1273年，樊城失守，襄阳城破，宋军继续巷战失败，吕文焕最终投降，六年的襄阳保卫战结束。

1276年元军攻占南宋都城临安（今杭州），俘五岁的南宋皇帝恭宗。南宋主体政权宣告灭亡。后来，南宋爱国大臣陆秀夫、文天祥和张世杰等人连续拥立了两个幼小的皇帝（端宗、帝昺），成立小朝廷。元军对小皇帝穷追不舍，南宋君臣众人逃亡至南方，端宗因病逝世，而另立帝昺，继续逃亡。文天祥在海丰兵败被俘，张世杰战船沉没，随着崖山海战的失败及陆秀夫背负刚满八岁的小皇帝跳海身死，走投无路的南宋残余势力于1279年3月19日宣告彻底灭亡。

幼承家教　文武兼修

辛弃疾，原字坦夫，曾自号"六十一上人"，后改字幼安，别号"稼轩居士"，宋高宗绍兴十年、金熙宗（完颜亶）天眷三年五月十一日（1140年5月28日），出生于山东历城四风闸。

辛弃疾家族的世系，据清代人辛启泰编《稼轩先生年谱》引《济南辛氏谱》，如下：

始祖维叶（大理评事，由狄道迁济南）——高祖师古（儒林郎）——曾祖寂（宾州司户参军）——祖赞（朝散大夫，陇西郡开国男，亳州谯县令，知开封府，赠朝请大夫）——父文郁（赠中散大夫）

可以看出，在辛氏家族中，似乎只有辛弃疾的祖父辛赞的官宦较显，其余皆不显。辛弃疾在《进美芹十论札子》中写道："臣之家世，受廛济南，代膺阃寄，荷国厚恩。大父臣赞，以族众，拙于脱身，被污虏官，留京

师，历宿亳，涉沂海，非其志也。每退食，辄引臣辈登高望远，指画山河，思投衅而起，以纾君父所不共戴天之愤。常令臣两随计利抵燕山，谛观形势，谋未及遂，大父臣赞下世。"

据辛弃疾南归后所作《声声慢·嘲红木犀》词题下小序："余儿时尝入京师禁中凝碧池，因书当时所见"，"儿时尝入京师禁中"云云，当指随其祖父居汴京事。辛弃疾对其祖父生平行事的记叙虽很简略，但我们能从已有的文字资料中清楚地看到，他的祖父是一位虽仕于金国，却仍旧一心不忘收复宋朝国土、以报仇雪耻为己任的亡国士大夫形象。

辛赞志在复国的愿望虽然没有实现，可是他夙兴夜寐、竭力谋划的精神感染着年幼的辛弃疾，他那崇高的

稼轩故里

民族气节和强烈的爱国主义精神无疑在幼小的辛弃疾心中打下了深刻的烙印，乃至影响和决定了辛弃疾一生的历程，同时也对后来稼轩词的创作产生了巨大和积极的影响。

辛弃疾的父亲辛文郁死得很早，所以他的家庭教育实际上是由辛赞来完成的，而"忠"和"义"正是辛赞家庭教育的主要内容。直到辛弃疾晚年，言及其家世，还曾说"烈日秋霜，忠肝义胆，千载家谱。"（《永遇乐·戏赋辛字送茂嘉十二弟赴调》）形容自己家族中的"忠肝义胆"就像"烈日秋霜"一样鲜明，而当他提到恢复之事时，既不能不"负抱愚忠，填郁肠肺"，与他人唱和时，亦时时以"千古忠肝义胆"，"忠言句句唐虞际，便是人间要路津"，勉人自勉，后代史臣亦称其"豪爽有气节"。

大约在金熙宗皇统六年（1146年）辛赞任谯县县令时，当时年仅六岁的辛弃疾开始师从亳州刘瞻学习。关于刘瞻的生平要略，金人元好问曾经在《中州集》卷二中有简要记述："瞻，字岩老，亳州人，天德三年南榜登科。大定初召为史馆编修，卒官。党承旨世杰、郦著作权舆、魏内翰飞卿，皆尝从之学。岩老自号樱宁居士，有集行世。作诗工于野逸，如'厨香炊豆角，井臭落椿花'之类为多。"刘瞻是海陵天德三年（1151年）的进

辛弃疾故居

士，富于辞藻文采，辛弃疾师之曾广泛地接触和学习儒家的各种经典，并习诗作文，受到过良好的儒家传统思想的教育。金制"凡诸进士举人，由乡至府，由府至省，及殿廷，凡四试皆中选，则官之"。刘瞻离开亳州去做官时，大概辛弃疾也就十一二岁。

与辛弃疾同师刘瞻，并和他交往较多且声名较著的是党怀英。党怀英（1134年—1211年），字世杰，号竹溪，为宋初名将党进的十一代孙。他们两人一起在刘瞻门下读书，并称"辛党"。金人南下，山东沦陷，辛弃疾率众起义，归宋抗金，党怀英则留而事金，从此分道扬镳。在金"应举不得志，遂脱略世务，放浪山水间，箪瓢屡空，晏如也"（《金史》本传）。大定十年（1170年）中进士，调莒州军事判官，累除汝阴县尹、国史院编修官，应奉翰林文字，官至翰林学士承旨，故世称"党承旨"。党怀英工诗善文，兼工篆籀，"当时称为第一，学者宗之"（《金史》本传）。金章宗明昌年间，党怀英为一时文坛盟主，其书法与赵沨（今山东东平人）齐名，并称"党、赵"。金著名文学家赵秉文谓怀英"文似欧阳（修）公，不为尖新奇险之语；诗似陶（渊明）、谢（灵运），奄有魏晋；篆籀入神，李阳冰之后一人而已。""古人各一艺，公独兼之，可谓全矣"（《闲闲老人滏水文集》卷一一《翰林学士承旨文献党公碑》）。赵评虽不无溢美之处，然党怀英的成就确实是多方面的，诗、文、书法、史学都取得一定成就，可以说对金代文学的发展曾产生一定影响。

　　辛弃疾十四岁那年，即乡试中举。海陵贞元二年（1154年）及正隆二年（1157年），他两次赴燕京应进士试，不过这两次都没考上。在日常生活中，读书、学剑、喝酒这几样几乎是占据了他的大部分生活。辛弃疾晚年曾在一首名为《偶题》的诗中说："却得少年耽酒力，读书学剑两无成"，意思是我年轻时喜欢喝酒，所以读书、学剑都没成功。这两句诗中暗用了霸王项羽的典故。项羽小时候虽然才气过人，但就是没有耐心，做什么都坚

持不了几天。读书，他坐不住；学剑，刚练了几个套路，就想开溜了。他的叔叔项梁本来对他寄予厚望，见他如此不长进，忍不住大为光火，瞪着眼睛问他到底想干什么？项羽说，读书嘛，能够认得几个字，会写自己的姓名也就够了，学剑嘛，只能对付一个人，没什么意思，要学就学能对付上万人的东西。项梁一听，高兴了，行，这小子有志气，那就学兵法吧。项羽后来成就了一代霸业，辛弃疾在这里把自己和西楚霸王相比，还是很有胸襟和豪情的。

辛弃疾不止一次在词中回忆了自己"耽酒力"的少年生活，"少日春怀似酒浓，插花走马醉千钟"，"少年使

辛弃疾纪念祠

酒，出口人嫌拗"，很有些少年意气、倜傥不群的风度。辛弃疾的少年生活虽然满溢着酒香，但读书、学剑和学兵法却一样也没有落下。他的阅读兴趣非常广泛，诸子百家、正史野史、诗词歌赋，几乎无所不涉。这种阅读极大地丰富了他的视野，为他将来的诗歌创作积累了丰厚的底蕴，他有的词几乎句句用典，用得又非常巧妙自然，懂的人叹为观止，不懂的人也会如坠云里雾中。少年时的辛弃疾曾经把文武兼备、出将入相、为帝王师作为一种自觉的人生追求，这在他后来的许多词中都有所体现：

万卷诗书事业，尝试与君谋（《水调歌头·落日塞尘起》）。

一编书是帝王师（《木兰花慢·席上送张仲固帅兴元》）。

万里勒燕然，老人书一编（《菩萨蛮·功名饱听儿童说》）。

把诗书马上，笑驱锋镝（《满江红·贺王帅宣子平湖南寇》）。

诗书万卷，合上明光殿（《清平乐·寿赵民则提刑》）。

至于学剑练武习兵法，这更是辛氏家族的传统，他们家族历来就多出将才。据《济南辛氏谱》记载，济南辛氏本自狄道（今甘肃临洮）迁来。狄道，秦时属陇西郡，其地"处势迫近羌、胡"，故当地人多勇武剽悍，崇尚鞍马骑射。早在西汉时期，辛武贤、辛庆忌父子，便"皆以勇武显闻"，官至破羌将军和左将军。唐代辛云京在玄宗时曾官至北京都知兵马使、代州刺史，"代掌戎旅，兄弟数人，并以将帅知名"。故辛弃疾曾自云："家本秦人真将种。"（《新居上梁文》）又云："臣之家世，受廛济南，代膺阃寄，荷国深恩。"（《进美芹十论札子》）可见所言非虚。

辛弃疾的祖父虽是个文官，但是他既然一直有为国尽忠、收复失地的打算，对辛弃疾进行文韬武略的教育，也是当然的。而辛弃疾本人对这方面也非常感兴趣，不但积极习练武艺，还熟读各种兵书，精研《孙子兵法》。辛弃疾十五岁后，辛赞又令其"两随计吏抵燕山，谛观形势"，借应进士试的机会，搜集金人政治、军事等方面的情况，使他在实际运用中对兵家方略有了进一步认识。辛弃疾还喜欢结交懂得兵法的人，如僧义端"喜谈兵，弃疾间与之游"（《宋史》本传）。家族的影响，以及少时的喜好，这些都为辛弃疾积累了深厚的兵家韬略和敏锐的军事眼光，后来他在《十论》《九议》等奏折中熟练地运用兵家的战略战术思想分析宋、金形势，其见解之独到，足以令时人赞叹不已。

辛弃疾有几句词，从中可以看出他少年时的意气风发。"少年横槊，气凭陵，酒圣诗豪余事。"（《念奴娇·双陆，和陈仁和韵》）"槊"是长矛，一种古代常用的兵器；"横槊"是指修习武艺。从这几句词来看，辛弃疾少年时最喜欢的事是练武，雄赳赳气昂昂地炫耀武功，而至于酒圣诗豪只是业余爱好了。

辛弃疾在少年时期还喜欢打猎，他曾在《满江红·和廓之雪》中回忆说："记少年骏马走韩卢，掀东郭。""韩卢"和"东郭"均出自《战国策》的典故，"韩卢"其实叫作"韩子卢"，是当时天下跑得最快的狗，"东郭"

辛弃疾塑像

是当时天下最狡猾的兔子。辛弃疾回忆自己少年时的打猎生活，带着跑得最快的狗，去追天下最狡猾的兔子。可以想象，辛弃疾少年时或许打不到老虎、熊之类的猛兽，打几只兔子、山鸡什么的还是小菜一碟，也能想象到他当时骑马纵横驰骋的快意。

据《菱湖辛氏族谱》记载，辛弃疾在大约十六到十八岁的时候结婚了，妻子姓赵，是江阴人。江阴在长江以南，它与开封之间不但距离不近，当时还分属宋、金两个国家，辛弃疾与妻子到底怎样走到一起的，由于史料缺乏记载，我们也只能猜测了。

辛弃疾像

壮岁拥旌　起义南归

大约在辛弃疾第二次赴燕山应试那一年（1157年）或稍后，他的祖父辛赞不幸去世，祖父没能等到自己期待已久的揭竿反金那一天，没能实现自己恢复故土的愿望，这种愿望只能落在辛疾弃身上了。

绍兴三十一年（1161年），金主完颜亮亲率六十万人马南侵，宋金之间烽烟再起。完颜亮自幼聪敏好学，汉文化功底甚深，他雅歌儒服，能诗善文，又喜欢同留居于金地的辽宋名士交往。在汉文化的熏陶下，他羡慕中原的文物制度，比较熟悉封建王朝的政治思想。所有这些，都为他后来执政时大力推行改革打下了坚实的基础。

完颜亮年轻时"英锐有大志"，想干一番事业，这从他年轻时所写的"大柄若在手，清风满天下"等诗中可以反映出来。其诗笔力雄浑，气象恢宏，鸿鹄之志，跃然纸上。

完颜亮称帝后，迁都中都，使金国逐步汉化，大批起用渤海、契丹、汉人人才，以扩大政权基础，巩固统治。天德三年（1151年）扩建燕京城（今北京），又以都城"僻在一隅，官艰于转输，民艰于赴诉"为由借以摆脱反对派的牵制，于天德五年（1153年）让女真贵族们离开白山黑水间的上京来到南京，此举加速了女真的封建化及与汉族的融合。

完颜亮在熙宗改革的基础上对职官制及刑法做了一系列的变革，政治上的辉煌并不能掩盖他私生活的疯狂，大肆兴建宫殿，极尽奢华之外，他最为人诟病的就是疯狂地猎取女色。据说他曾对大臣说起自己的志向："吾有三志，国家大事，皆我所出，一也；帅师伐远，执其君长问罪于前，二也；得天下绝色而妻之，三也。"意思是说，我有三个梦想：一是国家大事都由我说了算；二是带兵讨伐别的国家，指着那个国家领导人的鼻子训话；第三就是要让天底下最美的女人都成为我的老婆。他通过发动政变登上皇帝宝座，

金太祖完颜阿骨打塑像

抗金名将韩世忠塑像

第一个梦想算是实现了。上台之后，疯狂地猎取女色，把自己亲外甥女在内的一些美女都收进了皇宫，这第三个梦想也算实现了一半。为什么说一半呢？因为还有南宋那边的美女不能让他尽情拥有。

当然，完颜亮不仅爱南宋的美女，更爱南宋的江山。北宋大词人柳永有首词叫作《望海潮》：东南形胜，三吴都会，钱塘自古繁华。烟柳画桥，风帘翠幕，参差十万人家。云树绕堤沙，怒涛卷霜雪，天堑无涯。市列珠玑，户盈罗绮，竞豪奢。重湖叠巘清嘉，有三秋桂子，十里荷花。羌管弄晴，菱歌泛夜，嬉嬉钓叟莲娃。千骑拥高牙，乘醉听箫鼓，吟赏烟霞。异日图将好景，归去凤池夸。

这首词把西湖的风光、杭州的景致、钱塘的繁华描述得淋漓尽致，完颜亮读后，对"三秋桂子，十里荷花"

的江南景色产生了无限向往之情,于是秘密派遣画工偷偷地把杭州及吴山、西湖的风景画下来,做成寝宫的屏风,然后又画自己骑马立于吴山的最高峰,并且在画上题了一首诗:"万里车书尽混同,江南岂有别疆封。提兵百万西湖上,立马吴山第一峰。"意思是说,我们中原都统一了,你们江南怎么还能另立一国呢?我终有一天要率领百万雄师,到西湖去驻军,我要骑着马立在吴山的最高峰上,俯视天下。

绍兴三十年(1160年)十月,南宋派使臣虞允文到金国去祝贺新年,完颜亮曾发狂言:"我将看花洛阳。"(《宋史·虞允文传》)东都洛阳的牡丹名满天下,有"天下九福,洛阳花福"之称。宋代著名文学家欧阳修曾作诗赞曰:"直须看尽洛阳花,始共春风容易别。"完颜亮洛阳看花和吴峰立马的含义是相同的,都是要挥师南进,统一天下。

完颜亮根本

完颜亮像

虞允文像

就没把偏安一隅的南宋小朝廷看在眼里，在战前动员大会上他曾自信地夸下海口："百天之内，一定灭掉宋国。"然而他显然低估了汉族百姓对苛政的反抗和对宋朝的感情，河北、河南、山东等地的百姓纷纷揭竿而起，"大者连城邑，小者保山泽，或以数十骑张旗帜而行，官军莫敢近"（《金史》卷五《海陵本纪》）。

在这些起义队伍中，声势最大的是济南府耿京所领导的军队。耿京本来是个农民，因为不满金人的横征暴敛，他带着几十个人聚义起事，先后攻占了莱芜、泰安等地。不久蔡州贾瑞领众来归，耿京将部众分为诸军，

义军迅速发展，不久即聚众数十万人。是时，王友直起兵大名，也表示愿意受其节制。耿京遂自称天平军节度使，节制山东、河北诸路抗金义军，一时声势浩大，给金人以很大威胁。

这样的局势在辛弃疾心头燃起了强烈的希望，他觉得时机到了，便率领十几位家人和早就串连好的两千多人辗转各地，广泛联系起义军民，游击作战，有力地打击了金军的势力。不久，他率兵投奔到耿京部下。

耿京非常欢迎辛弃疾的到来，因为他当时虽然高举义旗，四处招兵买马，但只是在农民中有号召力，而当地的汉族军人和读书人都瞧不起他，认为他是农民出身，没有见识，没有文化，而把听从这个"泥腿子"指挥看成是一件非常丢脸的事，所以响应的人寥寥无几。正如辛弃疾后来在《美芹十论》中所说："东北之俗尚气而耻下人。当是时，王友直辈奋臂陇亩，已先之而起，彼不肯俯首听命以为农夫下，故宁婴城而守，以须王师而自为功也。"

意思是说，河北、山东的习俗是崇尚义气、争强好胜，而把给别人打下手当成是耻辱的事。当时，耿京、王友直等人已经率先举起起义大旗，而这一带的起义武装力量却不肯屈服在农民的手下，宁可据守孤城，等待南宋的军队到来后开城投降以邀功请赏。因此，当官宦世家出身又满腹文墨的辛弃疾带着自己组织起来的人马去投奔耿京时，耿京非常高兴。他对辛弃疾也非常器重，让他做义军的掌书记，类似于现在领导身边的高级秘书，掌管义军的大印、机密文件等。

辛弃疾一方面与耿京部下的其他将领一起招人，迅速将起义队伍扩大到数十万人，同时又深谋远虑，劝说耿京归附南宋，齐心协力共图恢复大计。有了辛弃疾这个高级智囊，耿京起义军的发展进入了一个新的阶段，先后攻下了兖州、东平府（郓州）两个城市。耿京占领东平府后，自封为天平军节度使，手下的队伍发展到二十多万人马，山东、河北一带的起义军都愿意听从他的号令。

辛弃疾纪念亭

勇杀叛贼　扬名立威

在耿京军中，文武全才的辛弃疾不只是出谋划策，他也常常身先士卒，投入于战斗之中。在《宋史·辛弃疾传》中就比较详细地记载了他斩杀义军中一个叫义端的叛徒的事。义端是一个和尚，平时除了念经，还喜欢谈论天下大事，因此跟辛弃疾有过一些交往。眼见抗金形势一片大好，四面八方纷纷举起起义大旗，他也装得慷慨激昂，义正词严，拉起了一支队伍投入到耿京军中。谁料局势起了变化，各地义军或被金兵铲除，或自动解散。这和尚本是个投机分子，心里思忖着：恐怕金人的天下还会继续稳坐下去，南宋迟早会灭亡，起义军更是秋后的蚂蚱，蹦跶不了几天，自己还不如早做打算。

和尚思想开了小差后，就前前后后留意着耿京军营中的所有事项，一一密记在心头，待熟悉掌握得差不多的时候，又为了加重自己叛逃到金军营中的砝码，就顺手把辛弃疾保管的义军的大印给偷走了。象征着统帅权威的东西丢了，那还了得，耿京立刻火冒三丈，大老粗的脾气一上来，指着辛弃疾的鼻子就骂，别说这义端是辛弃疾介绍来的，现在他叛逃辛弃疾脱不了干系，就仅丢印一事也属疏忽职守，想要军法惩治他有些于心不忍，不惩治他又觉得有些难平众怒。正为难间，辛弃疾大声说道："自己做事自己当，但徒死无益，只望将军能给我三日期限捕拿义端贼子，如若不能，再死不迟！"耿京准许。

辛弃疾想，这和尚拿了大印有什么用？人为财死，鸟为食亡，这家伙一定是贪图俸禄，投奔金军大营去了。于是，他立即快马加鞭，狂奔追去，果然在路上截住了义端。看着辛弃疾剑眉倒竖，怒目圆睁的样子，义端不由吓得腿肚子发软，一斜身摔下马来，跪到地上磕头如捣蒜，求辛弃疾饶过自己，他说："我识君真相，乃

宋徽宗像

青兕也，力能杀人，幸勿杀我。"（《宋史·辛弃疾传》）"青兕"是古代传说中的一种青色犀牛，体型很大，勇猛有力。义端的意思是说：我知道你老兄的真身是一头青色的犀牛，力大无比，要杀我是小菜一碟，但是求求你放过我吧！

　　义端为什么要说辛弃疾的真身是头犀牛呢？传说辛弃疾早年曾遇到过一个仙人，那个仙人慧眼看出他的本来面目是一头"青兕"。当然传说终归是传说，但辛弃疾当时杀气腾腾的样子可能也很像犀牛。辛弃疾成年后的身材长相，据他一个叫陈亮的朋友形容，是"眼光有棱，足以照映一世之豪；背胛有负，足以荷载四国之重"，意思是说，他的目光炯炯有神，足以照映天下的英雄豪杰；他背上的肌肉厚实发达，足以承载全天下的重量。直到

宋徽宗的瘦金体

老年，另一个朋友刘过还说他"精神此老健于虎，红颊白须双眼青"。这么大的块头往义端面前一站，双眼圆瞪，怒火中烧，那样子估计跟一头发怒的犀牛也差不多了，义端自然只有求饶的份儿。辛弃疾哪里会饶了他？手起剑落，结果了他的小命，搜出大印，回营中复命去了。

绍兴三十一年十二月，耿京派都头领贾瑞渡江，南赴宋廷，以表归附及恢复之意，并命辛弃疾与之同行。次年正月十八日，诸人抵达建康。徐梦莘《三朝北盟会编》卷二四九详细记载了当时的情况："京遣瑞渡江诣朝廷，瑞曰：'如到朝廷，宰相以下有所诘问，恐不能对，请一文人同往。'京然之，乃遣进士辛弃疾行，凡十一人同行。到楚州，见淮南转运副使杨抗，发赴行在。是时，上巡幸在建康。乙酉，瑞等入门，即日引见，上大喜，皆命以官：授京天平军节度使，瑞敦武郎阁门祗候，皆赐金带；介炊右儒林郎，改右承务郎；其余，统制官皆修武郎，将官皆成忠郎。凡补官者二百余人，悉命降官告。令枢密院差使臣二员与瑞等诣京军。枢密院差使臣吴革、李彪赍京官告、节钺及统制官以下告身。至楚州，革、彪不敢行，请在海州伺候，京等告来即授告节。瑞等不得已从之。至海州，革、彪以官告节钺待于海州。京东招讨使李宝遣王世隆率十数骑与瑞等同行。"

意思是说，耿京曾经派遣贾瑞等人渡江南附朝廷，表归附之意。贾瑞说："我到朝廷，恐怕宰相以下的人会向我问事，怕我不能应对，请求带一文人一起去。"耿京认为贾瑞说得很有道理，就派进士辛弃疾和他一起去，同行的一共十一人。到楚州，见到淮南转运副使杨抗，得知当时皇帝正好巡行到建康。于是，贾瑞等人晋见了皇上，皇上非常高兴，把他们都封了官：授耿京为天平军节度使，贾瑞为武郎阁门祗候，都赏赐给他们金带；授辛弃疾为右承务郎，其他将领也都被授予官职。为了表示重视，南宋朝廷还下发了正式的任命文件和官员用的仪仗，并且从枢密员派了两个专员吴革和李彪带着这些东西和辛弃疾等人一起去耿京军中。但是走到楚州时，因为前面就是金人统治区了，吴楚和李彪不敢继续往前走，要贾瑞、辛弃疾等人先回去，通知耿京前来宋朝境内的海州接收任命的文件和仪仗。

　　出乎意料的是，就在贾瑞、辛弃疾等人自海州取道返回山东的时候，传来了耿京被叛徒张安国杀害的消息。张安国是耿京的老部下，耿京对他非常信任，可在金人的诱降政策下，这个人还是动摇了。他一看耿京的左膀右臂贾瑞、辛弃疾等人都不在，这正是难得的大好机会，便串通营中其他几个变节分子，暗中杀害了耿京。俗话说"明枪易躲，暗箭难防"，一方豪杰没有死在敌人的刀剑下，却不明不白地死在自家兄弟手下了。

辛弃疾等人在海州听到这个消息时，无异于晴天霹雳！怎么办？辛弃疾等人既已奉耿京之命归宋，现在耿京被杀，虽然事出意外，可也难以向宋廷交代，更重要的是，辛弃疾自幼秉承祖训，一向以恢复为大计，如今

驰骋疆场名震词坛的辛弃疾

辛弃疾纪念像

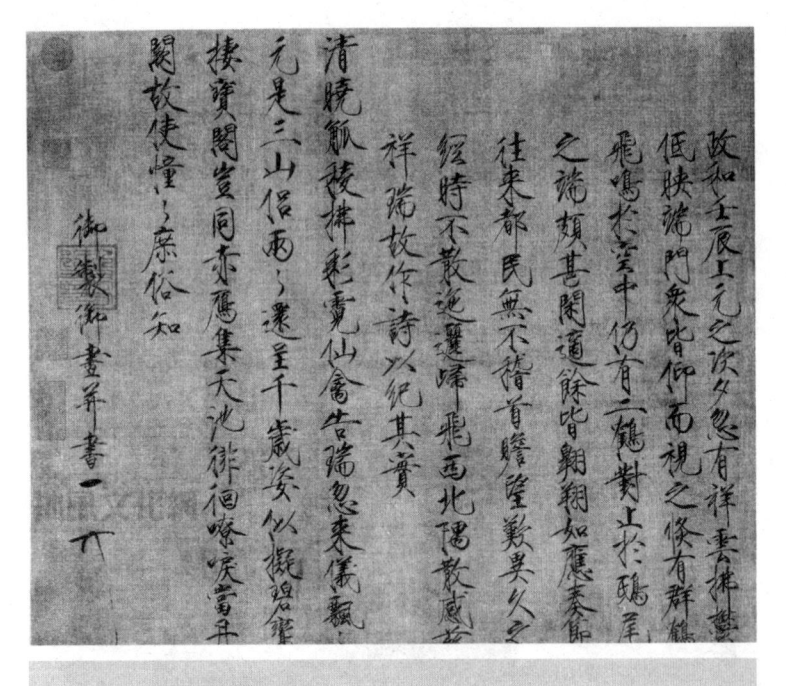

宋徽宗赵佶真迹

却被张安国小人横生变故，难道恢复之志就这样落空了吗？在这种关键时刻，辛弃疾身上"将种"的血液再次燃烧起来，这头"青兕"拍案而起，与王世隆、马全福、贾瑞诸将商酌利害，毅然决定，乘敌不备，轻骑突袭，直趋金营，生擒叛徒，为主帅复仇，同时也向宋廷有个交代。

于是，辛弃疾便带了五十骑，向着金人控制下的山东地区径直奔去。事情果如辛弃疾所料，张安国猝不及防，被诸人胁迫而去，金兵追之不及。辛弃疾等人押解张安国，马不停蹄，昼夜南奔，渡淮过江，直抵临安，交于朝廷，斩首于市，朝野为之轰动。其时，辛弃疾不过二十三岁。多年以后，南宋人洪迈在《稼轩记》中曾经对辛弃疾的这种壮举有过生动的描述：

  侯本以中州隽人，抱忠仗义，彰显闻于南邦。齐虏巧负国，赤手领五十骑，缚取于五万众中，如挟毚兔，束马衔枚，间关西奏淮，至通昼夜不粒食。壮声英概，懦士为之兴起，圣天子见二叹息。

  "侯"是古时候对士大夫的尊称，这里指的是辛弃疾。这段话的大意是说：辛弃疾本来是出身中原的杰出人才，对宋王室抱有忠义之心，因此而闻名于南宋。当年张安国背叛义军，辛弃疾赤手空拳领着五十骑，在五万金军中来去自如，抓张安国就像抓一只狡猾的小兔子似的，夹在胳膊下就跑。一路上束马衔枚，历尽艰险，抵达了宋金的边界淮水，昼夜都没有进一粒粮食。这种豪壮名声、英雄气概，使懦弱的人都为之感动奋起，皇帝一见到他也是连声赞叹。

  辛弃疾自己直到晚年，追忆起这段往事，追忆起这段震马扬威的军旅生活，仍不免为之动情。往昔的峥嵘岁月，或将成为他一生最美好的记忆，今日的胸怀壮志而无所作为也只能化作一声无奈的叹息，这种情怀由他那首著名的《鹧鸪天·有客慨然谈功名，因追念少年时事，戏作》：

　　壮岁旌旗拥万夫，锦襜突骑渡江初。燕兵夜娖银胡䩮，汉箭朝飞金仆姑。　　追往事，叹今吾，春风不染白髭须。却将万字平戎策，换得东家种树书。

这首词作于辛弃疾的晚年，是对当年戎马生涯的回忆。我年轻的时候带着一万多的士兵、精锐的骑兵们渡过长江时，金兵晚上还在整理着箭袋，而我们汉人的军队一大早已经把一种名叫"金仆姑"的箭射向敌人了。追忆往事，感慨万千；而现在已是人到老年，就是春风也不能把我的白胡子染成黑色了。却把那几万字能平定金人的策略，拿去跟东边的人家换换种树的书吧。

这首词上片慷慨激昂，"锦襜突骑渡江初"写的就是自己当年擒获叛徒张安国的经历。"燕兵夜娖银胡䩮，汉箭朝飞金仆姑。"则写南奔时突破金兵防线和金兵战斗的情景。用"拥"字、"飞"字表动作，从旌旗、军装、兵器上加以烘托，写得如火如荼，有声有色，极为饱满有力且富有感染力。

　　下片则笔锋一转，叙述自己对现实生活的感慨，与上片的豪壮情怀形成鲜明对比。"追往事，叹今吾，春风不染白髭须。"一"追"一"叹"，几多豪迈，几多无奈，再回首时，却仿佛已隔了一条岁月的河，再难回到自己所向往的彼岸了，同时也灵活地从上片的忆旧引出下片的叙今。在春风的吹拂下，草木能够重新变绿，再现芳华，可是无论春风怎么吹拂，人的白发都不能再重新变黑了，韶光不再，韶华已逝，却有壮志未骋，也只能空自嗟叹了。

　　"却将万字平戎策，换得东家种树书"，以最鲜明、最典型、生动的形象，突出作者的理想与现实的尖锐矛盾，突出他一生的政治悲剧，把上一句的感慨引向更为深化、极端沉痛的地步。平戎策，指作者南归后向朝廷提出的《美芹十论》《九议》等在政治上、军事上都很有价值的抗金意见书。上万字的平戎策毫无用处，倒不如向人换来种树书，还有一些生产上的实用价值，这是一种什么样的政治现实？对于作者将是一种什么样的生活感受？不言而喻。陆游《小园》诗："骏马宝刀俱一梦，夕阳闲和饭牛歌。"刘克庄《满江红》词："生怕客谈榆塞事，且教儿诵《花间集》。"和这两句意境相近，也写得很凄凉，但联系作者生平的文韬武略、英雄事迹来看，

这两句辛词的悲慨程度更使人扼腕不已。

　　这首词是一个客人慷慨激昂地谈建功立业时,辛弃疾追忆往事而作的,说是"戏作"却一点也没有游戏娱乐的成分,反而由于上下片感情对比强烈而使人不胜嘘唏。千载之下,辛弃疾那能令"懦士为之兴起,圣天子一见三叹息"的"壮声英概",思之恍在目前。

辛弃疾塑像

三献奇策 志图恢复

辛弃疾投奔南宋后不久，宋高宗便命他以右承务郎出任江阴军签判，开始了他新的生涯。在聘任江阴签判前后，辛弃疾结识了另一位爱国志士范邦彦。范邦彦，字子美，邢州唐山（今河北邢台）人，宋徽宗宣和年间的太学生。宋钦宗靖康末年，邢州被金兵攻占，范氏家乡沉沦于金朝统治之下，因老母不能脱身，留于北方。其母去世后，南逃已不可能。他应进士试，中举后便求任位于金、宋边境的蔡州新息县（今河南息县）县令。宋、金战争一开始，他就举众开城门迎接宋军，随后举家南归，寓居京口（今江苏镇江）。

范邦彦赏识辛弃疾的过人才华和他的爱国之志，而辛弃疾对范氏的忠义之行也十分敬佩。二人惺惺相惜，肝胆相照，范邦彦便把自己的爱女许给了辛弃疾。就在这一年，辛弃疾在京口与范氏女成亲，建立了自己的家

庭。辛弃疾也因此得与范邦彦之子范如山相识,且相处十分融洽。多年后,辛弃疾又把自己的女儿嫁给范如山的儿子范炎,辛范两家,世交又成亲家,可谓亲上加亲。

绍兴三十二年(1162年)六月,宋高宗正式让位给太子赵昚,是为宋孝宗。赵昚(1127年—1194年),名伯琮,后改名瑗,赐名玮,字元永。他并不是宋高宗的亲生儿子,而是宋太祖赵匡胤的七世孙。皇位落到太宗赵光义手里后,就一直是父子相传,再没有回到赵匡胤的子孙手里。

高宗在扬州逃跑时因为受到了惊吓,而失去了生育能力。唯一的独子又在苗刘之变后死去。而英宗系的后人,在靖康之变后基本被金一网打尽,全都押往北方。

宋孝宗

最主要的是，出使金国的使臣回来后说，金太宗长得酷似宋太祖，传说太祖要回来夺皇位。于是高宗说，太祖大公无私，有子却将皇位传给弟弟，而使得自己的后人衰微，朕准备将皇位传给太祖的后人。于是从太祖的后人中选拔出赵昚作为皇位的继承人。

留在宫中的赵昚，从小就接受了最好的教育，长大后封公，后来被晋封为郡王，直至成为皇帝。这位宋孝宗不但在血缘上和宋高宗不同，就是在对待金国的态度上也和被金兵吓破了胆的宋高宗大不一样。他在当皇太子的时候，就看不惯极力主张投降的秦桧，秦桧也忌他能力太强，而一直从中作梗阻止他当皇帝。甚至赵昚还因为当太子时，对抗金表现得过于积极，引起了高宗的猜疑，险些丢掉了皇帝继承人的身份。

绍兴三十一年（1161年）十月，完颜亮率兵渡过淮水，对南宋大举进攻，宋高宗赵构吓得惊慌失措，准备乘船下海逃命。皇太子赵昚上书，要求自己率兵迎敌。他的老师史浩知道后大惊，知道赵昚犯了大忌，赶快让皇太子上书谢罪，并要求随皇帝一起出征，表示要紧密跟在父皇周围，寸步不离地保护父皇。宋高宗赵构看到这封奏折后，脸色才算是由阴转晴。金兵退走后，高宗决定禅位给赵昚，自己退居太上皇。

三十六岁的孝宗即位后，颇有番作为，他给岳飞平反，又将秦桧时期制造的冤假错案，全部予以昭雪。重用主战派，重新拜张浚为相，并且整顿吏治，积极备战。在军事上，采取了严肃军纪、培养军事人才等措施来提高军队战斗力。

孝宗在经过和主和派的激烈斗争后，决定北伐。以张浚为首的主战派大臣和将领重新受到重用，朝廷一时间出现了一种生气勃勃、积极有为的局面。在这样的氛围中，满怀报国热情的辛弃疾尽管官职低微，也很想为北伐事业做点贡献。于是，他找个机会向当时担任江淮宣抚使的张浚，献上了一条攻打金国的计策。

这条计策，辛弃疾将它称为"分兵杀虏"，就是兵分几路进攻金国。根据《朱子语类》卷一一〇记载："只缘虏人调发极难，元颜要犯江南，整整两年，方调发得聚。彼中虽是号令简，无此间许多周遮，但彼中人才逼迫得太急，亦易变，所以要调发甚难。只有沿淮有许多捍御之兵。为吾之计，莫若分几军趋关陕，他必拥兵于关陕；又分几军向西京，他必拥兵于西京；又分几军望淮北，他必拥兵于淮北，其他去处必空弱。又使海道兵捣海上，他又著拥兵捍海上。吾密拣精锐几万在此，度其势力既分，于是乘其稍弱处，一直收山东。虏人首尾相应不及，再调发来添助，彼卒未聚，而吾已据山东。才据山东，中原及燕京自不消得大段用力，盖精锐萃于山东而虏势已截成两段去。又先下明诏，使中原豪杰自为响应。"

　　意思是说，金国的军队调动起来非常困难，他们利用整整两年的时间才聚集起来攻打江南的兵力。淮河沿线是金朝重兵防守的地方，宋朝如果要进行北伐，就要想办法分散金兵在淮河沿线的兵力。因此辛弃疾建议，宋朝如果要北伐，不如分兵从关陕、西京（今洛阳）、淮北、海上四路发动佯攻，逼迫金国调动驻防在淮河沿线的兵力去应付。驻守淮河的兵力一旦被分散，防线必然会出现漏洞。这时宋军就可以派精锐部队，攻打金军防守薄弱的地方，一直往山东打去。金军首尾无暇顾及，未等他们调兵前来相助，我们已经占据山东了。有了这个牢固的根据地，金军的势力就被分为两截，宋军要进取中原和金国的首都燕京也是一件很轻松的事了。

　　辛弃疾的这条计策用我们的话来概括就是，采取分散金军势力、避实就虚的策略，直取山东。对于这样一条奇计，张浚的反应如何呢？继续看《朱子语类》卷一一〇中的记载，当时张浚仅以"某只受一方之命，此事恐不能主之"来答复满腔报国热情的辛弃疾。这固然与张浚当时尚无力支配全国的军队有关，但恐怕也是整个宋廷尚缺乏统一的作战思想、对北伐没有充分的认识，同时也与辛弃疾的人微言轻有关。

　　正因为宋廷没有充分的北伐准备，隆兴元年（1163

中华爱国人物故事
ZHONGHUA AIGUO RENWU GUSHI

宋太宗赵光义像

年）四月，宋孝宗与张浚定议北伐，张浚命李显忠、邵宏渊二将分两路进军，收复灵璧、宿州等州县。不幸的是，就是宋军小胜之后，金军立即调集起重兵反击，由于邵宏渊和李显忠二人不肯互相配合，宋朝军队战斗力涣散，导致符离（宿州州治）一役大败。

符离兵败，使张浚等主战派人士相继被排斥出了南宋中央政权，宋孝宗亦下诏罪己。结果，宋朝仍不得不与金人议和，北伐之事如昙花一现，宋金形势重又恢复原状。在这种低沉的政治气候中，一心想在恢复北方失地的战斗中大显身手的辛弃疾当然是满心抑郁。辛弃疾写了一首《满江红·暮春》：

家住江南，又过了清明寒食。花径里一番风雨，一番狼藉。红粉暗随流水去，园林渐觉清阴密。算年年落尽刺桐花，寒无力。　庭院静，空相忆。无说处，闲愁极。怕流莺乳燕，得知消息。尺素如今何处也？彩云依旧无踪迹。谩教人羞去上层楼，平芜碧。

此词上片重在写景，"家住江南，又过了清明寒食"，"江南"与题目中的"暮春"联系起来，让读者引发丰富的联想：江南早春，风光绮丽，千里莺啼，红绿相映，水村山郭，风展酒旗；而到了暮春时节，则是绿肥红瘦，"花径里一番风雨，一番狼藉"，这句中"狼藉"二字用得格外有力，使人仿佛能感受到一股猛烈狂暴的力量，这股狂暴的力量肆虐的结果就是落花满地、花落水流红。与这句相比，孟浩然所谓"夜来风雨声，花落知多少"，显得平易；李清照所谓"知否，知否，应是绿肥红瘦"，只觉婉转，而此处"狼藉"二字富有的骨力清晰可见。

"红粉暗随流水去，园林渐觉清阴密"，这句可谓别出心裁，巧用"暗随""渐觉"二词，通过人的认识过程表示时序节令的推移，在其转折连接之处用心着力，角胜前贤。"算年年落尽刺桐花，寒无力"，这句变泛论为实说，拈出刺桐花作为具体说明。寒，谓花朵瘦弱。故无力附枝，只得随风飘落。寒花与密叶之比较，亦可使人联想倘能结合作者的处境、心绪而谓其隐含君子失意与小人得势之喻。就章法而论，此处隐含的比喻，则使上阕由写景自然过渡到下阕的抒情，因其隐露，所以更加耐人寻味。

显然，词的上片感叹春色在风雨中的凋零景象，在对春色的怜惜中，隐隐约约地透露出对北伐由轰轰烈烈的大好局面变成"一番狼藉""暗随流水去"状况的惋惜，也饱含了对自己南归后空令岁月蹉跎、难有作为的叹息。

下片是在诉说对某人的思念之情。"庭院静，空相忆。无说处，闲愁极"四个短句，只为点出"闲愁"二字，闲愁，是宋词中最常见的字眼，而其含义亦最不确定，乃是一个"模糊性概念"。词人往往将极其深重的感受，不易名状、难以言传的愁绪，笼统谓之闲愁。读者如要探究这种"闲愁"的具体含义，恐怕就得结合历史背景、作者生平以及其他相关资料来进行考察了。在这里，辛弃疾的"闲愁"显然是由于自己不为南宋朝廷重用，复国壮志无从施展，且受投降派的忌恨排挤，进而产生的政治失意。"怕流莺乳燕，得知消息"，则是痛恨无耻小人的结党营私、流言蜚语之意。

"尺素如今何处也？彩云依旧无踪迹。""尺素"指书信，"彩云"指代所思念的人。你给我的书信在哪里呢？别说看不到书信，就是像彩云一样飘忽不定的你，也依然踪迹全无。

结句"谩教人羞去上层楼，平芜碧"可谓水到渠成，"谩教"是不要教的意思，一次次地登上楼远眺，然而思念的人却始终不见踪影，与欧阳修那句"平芜尽处是春山，行人更在春山外"表意大致相同。因为一次次满怀希望登楼，一次次满怀失意地返回，自己都感到不好意思了，所以说"羞去上层楼"。

下片看似在写对某个人的思念、盼望又终归失望的

宋太宗的御书钱"淳化元宝"

感情，但从辛弃疾一向的襟怀来看，他的这种"无说处，闲愁极"的悲慨，这种"彩云依旧无踪迹"的失落，这种"羞去上层楼"的抑郁，应该是与北伐失败、恢复前景愈加渺茫给他的打击相通的。对于志在以报国收复失地为己任的辛弃疾来说，这次北伐失败以及南宋朝廷的不作为无疑是给他情感上带来沉重的一击。观多年之后辛弃疾所云："中国之兵不战自溃者，盖自李显忠符离之役始。百年以来，父以诏子，子以授孙，虽谬之不为衰止。"足以知之。

隆兴二年（1164年）秋，辛弃疾在江阴签判任满去职，改任广德军（今安徽广德县）通判。在赴任途中，辛弃疾可能在吴江停留过。其时正值秋天，丹桂飘香，梧叶泛黄，辛弃疾置酒客舍，独酌独饮，在酒精的刺激下，他更加思绪纷然。恢复之志如何实现，功业如何成就等等，壮志难酬的悲慨困扰着他的内心，此情此景，此时此境，辛弃疾复杂的心情可以想见。就像他在多年后的词中《清平乐·忆吴江赏木樨》中写的那样："少年痛饮，忆向吴江醒。明月团团高树影，十里水沉烟冷。"词中所忆，当就是此时的情境，一切景语皆情语，水沉烟冷，景色的苍茫，反映出的也是词人心事的浩茫。

辛弃疾初到广德，已是秋冬之际，公务不忙，这使他有时间整理这些年来对恢复大业的思索，并把它诉诸文字，这就是著名的《美芹十论》。乾道元年（1165年）初，辛弃疾不顾自己官职低微，决计越职上书，将《美芹十论》直接上呈给宋孝宗。"芹"指芹菜，出自《列子·扬朱》的典故，说是乡里有个人很喜欢吃芹菜，有一天他极力向一个富豪推荐说芹菜好吃，说得那人直流口水，拿来一吃，却嘴里发麻，胃里恶心，甚至闹肚子。后人以"美芹"或"献芹"来比喻把自己喜欢却很菲薄的东西献给别人。

辛弃疾把自己的论文称为"美芹"，当然也有谦虚之意，说自己的文章相对于皇帝的见识来说，那就跟芹菜一样。不过辛弃疾虽然说得谦虚，他的这组论文可绝对不含糊，那完全是指点江山的语气，对宋、金两国的形势和军事斗争的前途进行了精辟的分析。他写道：

臣虽至愚至陋，何能有知，徒以忠愤所激，不能自已，以为今日虏人实有弊之可乘，而朝廷上策惟预备乃为无患。故罄竭精恳，不自忖量，撰成御戎十论，名曰《美芹》：其三言虏人之弊，其七言朝廷之所当行。先审其势，次察其情，复观其衅，则敌人之虚实吾既详之矣；然后以其七说次第而用之，虏固在吾目中。唯陛下留乙夜之神，沈先物之机，志在必行，无惑群议，庶乎"雪耻酬百王，除凶报千古"之烈无逊于唐太宗。典冠举衣以复韩侯，虽越职之罪难逃；野人美芹而献于君，亦爱主之诚可取。唯陛下赦其狂僭而怜其愚忠，斧质余生实不胜万幸万幸之至。

辛弃疾指出，金人并不可怕，金国虽然表面上看起来强大，但实际上外强中干，由于他们实行残酷的民族压迫政策，对本族百姓的剥削也非常残酷，他们不得民心，一旦发生重大的战争，潜在的民族矛盾、阶级矛盾也必然随之爆发，这必然会极大削弱金国的战斗力。所以，只要掌握敌方用兵的实情，就能"神闲而气定"，立于不败之地。

知彼还应知己，既然已经清楚如何对付金兵，那么宋廷又当作何决策呢？辛弃疾认为，君臣将士应"以光复旧物而自期，不以六朝之势而自卑，精心强力"，自励自奋，"绝岁币"，"都金陵"，"作三军之气"，"破敌人之心"，"毋惑于纷纭之论，则恢复之功，可必其有成"（《美芹十论·自治》篇）。

《美芹十论》的最后一篇是《详战》，在这里，辛弃疾详细论述了对金用兵的策略。他认为，宋应避实就虚，出奇制胜，以宋军数部，分置于襄阳、淮西，佯作进攻，而以一支精锐部队，径趋山东，直通燕京，使金兵腹背受敌，首尾不能相应，收复中原，将指日可待。

《美芹十论》显示出了辛弃疾独到的军事、政治眼光，敏锐的观察能力以及放眼天下、意图恢复的斗志和信心。较之于他以前向张浚提出自己的看法，这已经是他第二次献计了，那么，他这次献计的效果如何呢？

《宋史·辛弃疾传》中的记载是："以讲和方定，议不行。"就是说，因为当时刚刚和金军议和，所以辛弃疾的计策没有被采纳。宋孝宗在金兵强大的军事压力下和朝廷上主和派的怂恿下，尽管心有不甘，也只能暂时屈服。隆兴二年（1164年）十二月，宋金双方正式签订了和议，历史上称为"隆兴和议"。与"绍兴和议"相比，在这个和议中，宋金之间的关系由君臣之国变成了叔侄

之国，南宋每年交给金朝的"岁贡"由银二十五万两、绢二十五万匹改为"岁币"银二十万两、绢二十万匹，其他则基本和"绍兴和议"一样。

对于刚刚签订屈辱求和投降的宋廷来说，当然不希望再谈什么恢复大计，所以辛弃疾的第二次献计又落了

宋太祖赵匡胤像

个无言的结局。自从辛弃疾献了《美芹十论》之后,人们就把"美芹"和"悲黍"共同看成忧国忧民、悲国家之颠覆的代名词了,从此"美芹"有了特定深远的含义。

两次献计未成,胸怀恢复大业却苦于报国无路,辛弃疾只能无奈地感叹说:

倦客新丰,貂裘敝征尘满目。弹短铗青蛇三尺,浩歌谁续?不念英雄江左老,用之可以尊中国。叹诗书万卷致君人,翻沉陆。休感慨,浇醽醁。 人易老,欢难足。有玉人怜我,为簪黄菊。且置请缨封万户,竟须卖剑酬黄犊。甚当年寂寞贾长沙,伤时哭?(《满江红·倦客新丰》)

词开篇即连用三个典故,"倦客新丰"说的是唐太宗时一个叫马周的人,虽然博学多才,却出身贫寒,郁郁不得志。他来到离长安不远的新丰小城的时候,因为身上的钱不多,住在一家低档的旅店里,还经常拖欠店钱。店主对马周冷眼相待,经常出言不逊,马周也不介意。有一次,马周让店主拿来一斗八升的酒来,独自豪饮,一个人也不要菜佐酒,一次喝下了如此多的酒,把店里的人看得都惊呆了,店主也看出了他不像一般的人,就

不再难为他了。

"貂裘敝征尘满目"的典故出自《战国策·秦策一》："苏秦书十上而说不行。黑貂之裘敝，黄金百斤尽，资用乏绝，去秦而归。"战国时的纵横家苏秦到秦国游说，朋友送他夜明珠、黄金、黑貂裘等名贵物品，但秦王却没有采取他的计策，苏秦只好失意而归，结果黄金散尽，貂裘也破烂不堪。

"弹短铗青蛇三尺"的典故出自《战国策·秦策四》："齐人冯谖为孟尝君门下客，为得重用，三次弹铗作歌：'长铗归来乎！食无鱼……'"冯谖因此而得孟尝君重用，后来他为孟尝君屡出奇策，屡建奇功。

辛弃疾连用这三个典故是说：我就像困居在新丰客栈的马周一样，满怀才华却不得施展；又像失意而归的苏秦一样，在秦国待了那么久，就连原本光鲜的貂裘也变得残破不堪了，可是我的"万字平戎策"却依然不被采纳；冯谖纵剑高歌，可以得到孟尝君的赏识，然而现实中却没有人来理解我了。

写出历史上这些穷困落寞不为当世所用的人物后，笔锋转向今天的社会现实："不念英雄江左老，用之可以尊中国。""江左"，长江中下游一带，在此指南宋偏安的江南地区。"尊"，使动用法。"尊中国"，意谓使中国国强位尊，免受凌辱。此二句看似寻常语，却道破了南宋的政治现实。宋高宗在位三十五年，是个彻头彻尾的投降派，后来的皇帝基本上一脉相承，多少仁人志士请缨无路，报国无门，衔恨以终。至此可知中国之不尊，罪在最高统治者。

辛弃疾在这里很含蓄地表达了自己的愤懑之情，因为南宋朝廷的无所作为，致使英雄都寂寞地老死江南。言外之意也是指责南宋统治者不采纳他的抗金主张，宁肯重用主和派以求苟安于江南。

上片可以说是牢骚满腹，下片却笔锋一转，说别感叹什么年华易老，人生常恨欢愉少了吧，我现在有美酒

番骑猎归图　宋　赵伯骕

可喝,有美人怜我,将菊花插在我的头上。我又何必执着于请缨杀敌的理想呢?索性卖掉宝剑,换头牛来老老实实务农吧!从这几句来看,辛弃疾似乎已放弃念念不忘的恢复大计,安于目前的生活了。可是结尾又笔锋一转,"甚当年寂寞贾长沙,伤时哭?"

贾谊在汉文帝朝曾贬为长沙王太傅,人称贾长沙。《汉书》卷四十八《贾谊传》:"谊数上疏陈政事,多所欲匡建,其大略曰:'臣窃惟事势,可为痛哭者一,可为流涕者二,可为长太息者六,若其他悖理而伤道者,难遍以疏举。'"贾谊为什么因寂寞而伤时痛哭呢?以反问的形式透露了诗人故作旷达而始终无法摆脱的痛苦。托古喻今,长歌当哭,全词借古人之酒杯,浇自己胸中之块垒,这块垒似乎越浇越多了,因为辛弃疾的"悲剧"乃时代使然,终南宋王朝力主恢复的抗战潮流,不过细波微澜而已。

正是从这一时期起,辛弃疾把自己满腔的爱国热情及从小就培养起来的志在恢复的理想,统统投入到诗词创作中,也正因如此,我们看到了一位名传千古的伟大词人。这位词人壮怀激烈,回忆曾经金戈铁马、百步射敌的峥嵘岁月,他唱出了许多慷慨悲壮的英雄之歌。

乾道四年(1168年),辛弃疾被调到建康当通判。建康是宋朝南渡后对金作战的战略要地,也是许多主战派大臣心目中的迁都之地，能任职于此的官员，多为朝廷中的受重用人士。辛弃疾能升迁到此，也显示出宋廷执政者对这位由北来南的"归正人"的态度。同时，这也给辛弃疾进一步显示自己的能力和才华提供了一个很好的机会。置身于这样一个城市，辛弃疾感慨万千，思绪纷飞。一天，他登上了建康的赏心亭，望着大好江山，触景生情，写下了《念奴娇·登建康赏心亭呈史致道留守》：

我来吊古，上危楼、赢得闲愁千斛。虎踞

赏心亭

龙蟠何处是？只有兴亡满目。柳外斜阳，水边归鸟，陇上吹乔木。片帆西去，一声谁喷霜竹？　却忆安石风流，东山岁晚，泪落哀筝曲。儿辈功名都付与，长日惟消棋局。宝镜难寻，碧云将暮，谁劝杯中绿？江头风怒，朝来波浪翻屋。

辛弃疾在词牌下面注明是送给当时的建康府留守史致道的，史致道也是个积极主张恢复中原的人，和辛弃疾关系不错。上片三句，开门见山，直接点明主题，然后再围绕主题，步步深入地舒展开来。"我来吊古，上危楼、赢得闲愁千斛"，起句就以突兀之势点明牵动自己感情起伏的因由。词人登上高楼，下临秦淮，遥望远处的不尽长江，兴起无限感慨，他得到的是什么呢？是"闲愁千斛"。"闲愁"给人的感觉貌似是无所谓的轻愁，但紧接着说用"千斛"来装，那给人的感觉就是极其沉重了。这句和后主李煜的"问君能有几多愁，恰似一江春水向东流"有异曲同工之妙，都是以有形之物状无形之愁，极其生动地写出愁之沉重，愁之难以消除。

"虎踞龙蟠何处是？只有兴亡满目。"这两句采用自问自答的形式，把"吊古伤今"落到实处。据《金陵图经》说："石头城在建康府上元县西五里。诸葛亮谓吴大帝曰：'秣陵地形，钟山龙蟠，石城虎踞，真帝王之都也。'"正因如此，建康曾是六朝的国都。但现在辛弃疾一眼看过去，哪里是虎踞龙蟠的地形啊，看到的都是那些过去朝代的兴亡往事。言外之意，是谴责南宋朝廷不利用建康的有利地形作为抗击金兵、收复中原的屏障，却不思进取，贪图苟安，故引得词人"闲愁千斛"。

"柳外斜阳，水边归鸟，陇上吹乔木。片帆西去，一声谁喷霜竹？"这几句是描写眼前所见的景象，把"兴亡满目"落到实处。在这里词人选用了两个很富有象征意义的景物：斜阳无疑是象征南宋每况愈下的国运；乔木，本指高大的树木，这里却是故国的象征。斜阳烟柳，西风乔木，自然是一派衰败景象了。不仅这两个景物，这里映入词人眼帘的景物都带有行将消逝的特点，再配上悲凉的笛声，更是难掩满目苍凉，催人愁肠。

上片侧重于吊古伤今，下片则运用历史典故，曲笔表达自己志不得伸的愁苦及对国家前途的忧虑。"却忆安石风流，东山岁晚，泪落哀筝曲。"

安石，是东晋名将谢安，他统率八万兵力，迎击号称百万大军的苻坚军，取得了淝水之战的辉煌胜利。但是，谢安有过一段不得意的历史，曾被奸佞构陷，皇帝不信任他。有一次东晋孝武帝召宴，谢安在场。一位叫桓伊的人弹筝唱歌，唱的是曹植的《怨诗》，其中唱道：

"为君既不易,为臣良独难。忠信事不显,乃有见疑患。"替谢安表忠心,谢安感时伤怀,忍不住落下泪来。词人由"一声谁喷霜竹",而自然想到了桓伊弹筝替谢安打抱不平,让谢安黯然落泪的往事,更加突出了自己对"忠而见疑"的怨愤。

"儿辈功名都付与,长日惟消棋局。"淝水之战时,谢安的儿子谢石和侄子谢玄,率兵迎战,当捷报传来时,谢安与客人下棋,他十分从容地说:"小儿辈遂已破贼。"由于被皇帝猜疑,不为世用,只有在棋局中打发日子,忠信见疑,闲而不用,如今辛弃疾的境遇,与当年谢安的处境,是有相似之处的。胸怀大志,又是栋梁之材,归宋六年一直得不到重用。所以,与听哀筝而落

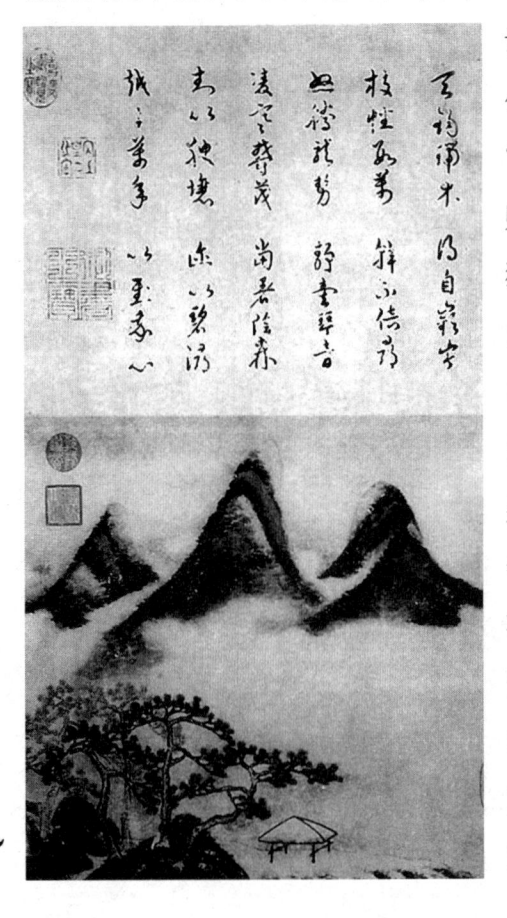

春山瑞松图　宋　米芾

泪的谢安发生共鸣。

"宝镜难寻，碧云将暮，谁劝杯中绿？"笔锋又从历史转到现实，词人用寻觅不到"宝镜"、夜幕降临、无人劝酒，暗喻壮志忠心不为人知、美人迟暮、缺乏知音的苦闷。"宝镜"，唐代李濬的《松窗杂录》载：秦淮河有个渔人得到一面古铜镜，一照居然见到自己的五脏六腑，不由得大惊，失手把古镜落入水中，结果再不可得。这里借用此典，意在说明自己的忠心无人鉴察。

结句"江头风怒，朝来波浪翻屋"则是寓意颇深，意思是说，从赏心亭远望，江头风大浪险，有使房屋倾倒之势。既是对眼前实景江上险恶波涛的实际描写，也是辛弃疾看到满目兴亡往事后，在心里掀起像潮水一样浩荡起伏的思绪的象征。同时也让读者联想到，此时南宋所面临的局面也是极为险恶的，金国对于南宋来说，就像江上那滔天巨浪，随时有可能随着风势卷上岸来，打破南宋暂时的偏安局面。这个结尾，突兀而有余意，耐人寻味，正如姜夔所说："一篇全在结尾，如截奔马。"

乾道六年（1170年），辛弃疾任满回到临安，在延和殿受到宋孝宗的召见。关于这次召见，《宋史·辛弃疾传》记载如下："六年，孝宗召对延和殿。时虞允文当国，帝锐意恢复，弃疾因论南北形势及三国、晋、汉人物，持论劲直，不为迎合。"

从这段记载中，我们可以得知这次召见的背景是主战派重要人物虞允文当上宰相，宋孝宗又积极想要北伐恢复，所以辛弃疾会被允许献计献策，他所谈论的内容也是与恢复中原有关的"南北形势及三国、晋、汉人物"，然而他的表现却出人意料，"持论劲直，不为迎合"，就是坚持自己的看法，想什么就说什么，直来直去，而不是看宋孝宗的脸色说话。

就是这次被召见之后不久，辛弃疾又写了一篇题为《九议》的长文，上呈宰相虞允文，对自己在《美芹十论》中所论及的一些问题，如关于宋、金双方力量对比和优劣之势的分析，关于声东击西、出兵山东的策略等，又都做了更加具体、详细的论述。

辛弃疾在《九议》中明确强调北伐行动不宜马上实施，而应做好准备再战。他指出："凡今日之弊，在乎言和者欲终世而讳兵，论战者欲明日而亟斗。"意思是说当今最大的弊端，是主张和议的人想要永远避免战争，而主张战争的人恨不得第二天就开战，胜负立见分晓。辛弃疾主张北伐的事情要"无欲速"，就是不能急于求成，应该做长期准备，否则就是招致像符离那样的失败。符离之战已经过去了好几年，一时贪图苟安，一时又意图北伐恢复的宋孝宗，当然不会体会到辛弃疾所谏之言的深意，他也不是个有恒心打持久战的主儿。所以这次辛弃疾虽然言之拳拳，但似乎又没有打动宋孝宗。

《九议》这组论文，是辛弃疾在南归后第三次向朝廷献计。他又一次提出了分兵攻金、先取山东、再图中原等一系列战略战术，并且打下保票说："苟从其说而不胜，与不从其说而胜，其请就诛殛，以谢天下之妄言者。"意思是说假如听取了我的意见却没有取得胜利，或者不听从我的意见而取得了胜利，那么请将我杀了，以警告那些夸口妄言的人。辛弃疾敢以项上人头担保，可是人微言轻的他，所进之言也只能落了个不了了之的局面，一介小民终究无力左右宋金之间战与和的大局。

据《宋史·张栻传》记载，就在辛弃疾被召见的这一年，宋孝宗曾问张浚的儿子张栻是否了解金国的情况。张栻说自己不了解。宋孝宗说，我告诉你，金国内部连年饥荒，盗贼四起，正是对它用兵的好时机。张栻说：金人的事情，我虽然不清楚，但我们境内的事情，我还是知道的。于是，他把当时南宋在军事、民生等方面的弊端一一罗列出来，认为金国的内政虽然使我们有隙可乘，但目前宋朝的实力还不足以发动进攻，一席话说得宋孝宗半天作声不得。辛弃疾主张抗金非一朝一夕之事，要打持久战，这恐怕也是急功近利、急于求成的宋孝宗所难于接受的。

辛弃疾三次向朝廷献计，虽没被采纳，我们却可以

鹿鸣之什图　宋　马和之

看出，他对宋、金战和形势所作的全面分析，鲜明地提出的以战而求恢复的主张和具体的用人、攻守等策略，这三次献计集中体现了辛弃疾对兵家思想的深刻理解和正确运用，体现了他卓越的军事才能和统摄大局的智慧。可以说，正是对宋、金局势的深入思考以及志图恢复的理想，始终贯穿和支配了他一生的行动。

滁州任上　初显身手

在受到宋孝宗召见后不久，辛弃疾被调进了南宋的都城临安，当了司农寺的主簿。临安，也就是现在的杭州，在五代十国期间，吴越国曾把它作为都城。绍兴八年（1138年），南宋朝廷正式确定临安为"行都"，意思是北方的都城汴京之外的一个临时的都城，以此表示不忘恢复中原之意。辛弃疾所做的司农寺主簿，是一个负责粮食诸备、仓库管理以及京城官员的禄米供应等事务的文官，这个职务虽然离皇帝更近了些，与辛弃疾原来的职务相比，也算是一种提拔。但我们知道，辛弃疾最为骄傲的是自己的军事才能，如今置他的作战能力于不顾，让他担当一个管理文书的事务官，这应该属于"提拔而不重用"吧。

有才不得施展，空有满腔抱负却只能闲置，这种与自己的志向南辕北辙的处境和遭遇，一向志怀疆场、意图收复的辛弃疾当然不会满意。因此，虽然生活在美丽的西子湖畔，歌舞升平的临安城里，辛弃疾却是怀着分外失落的心情，看待周遭的世界的。也正是大约在这一时期，他创作了一首非常著名的词《青玉案·元夕》：

东风夜放花千树。更吹落，星如雨。宝马雕车香满路。凤箫声动，玉壶光转，一夜鱼龙舞。　蛾儿雪柳黄金缕，笑语盈盈暗香去。众里寻他千百度，蓦然回首，那人却在，灯火阑珊处。

宋代的元宵节非常热闹，张灯由三夜延长至五夜，灯彩以外还放焰火，表演各种杂耍。孟元老《东京梦华录》中记载："游人已集御街两廊下。奇术异能，歌舞百戏，鳞鳞相切，乐声嘈杂十余里，击丸蹴鞠，踏索上竿。"我们常说"正月十五闹花灯"，宋人的上元节似乎更突出了这个"闹"字。苏东坡诗云："灯火家家市，笙歌处处楼。"范成大有诗写道："吴台今古繁华地，偏爱元宵灯影戏。"

辛弃疾的这首词更是再现了元宵佳节的盛况，上片描写的是临安城在元宵节时火树银花、鱼龙舞动的热闹场面。忽如一夜东风吹来，绽放了千树万树的灯彩，更有那满天烟花盛开，绚丽妖娆，灿烂夺目，似流星划过，又似下了一场彩色的星星雨，花灯焰火，锦绣交辉。男人骑着高头大马，女人坐在雕花的车上，出来赏灯。月光流转，人们载歌载舞闹花灯。宝马、雕车、凤箫、鱼龙，点染了繁华热闹的场面，此情此景，似乎只有天上可见。

　　读至下片，我们方才悟到，原来还有一个人在执着地寻找着，眼前的鱼龙飞舞、佳人笑语，似乎一切美好都与他无关，在女人衣香的浮动中，他仅是一个孤独的所在。上片的"一夜"二字与下片的"灯火阑珊"相呼

杭州宋城是中国最大的宋文化主题公园

应,众里寻他千百度,那人却在灯火阑珊处。这是怎样的一种情感啊,众里寻他的辛苦只为了这瞬间相逢的美丽,多情人读来亦不禁喜极而泣吧!由花市灯如昼,而升华为人生的一种境界,在众多元宵节的诗词佳句中,稼轩词如此不落俗套,脱颖而出,大概也缘由于此吧!

在中国古代文学中,男女之间的情爱或美人香草常常被比喻为政治上的遭遇。辛弃疾是一个心怀报国之志、金戈铁马驰骋疆场的英雄,然而写作此词时的他,南归已经十多年,但一直沉沦下僚,三献奇策,也没有得到足够的重视。现在他虽然来到京城,可那种歌舞升平、竹管笙歌的景象实难让他这位主战派平心静气,尽情享受,也难免会把这种情感渗入他的词中。所以很多学者认为,词中那个站在灯火阑珊处的美女,那个清高而孤傲的形象,其实就是词人的自我写照,寄托着他没有遇到知音、只能孤芳自赏的情绪。正如梁启超所说,这首词是"自怜幽独,伤心人别有怀抱"(《艺衡馆词选》),这个伤心的人也就是辛弃疾,他要表现的是另外一种思想感情。从词的审美角度看,这种理解好像更为蕴藉,更有一种打动人心的力量。

王国维的《人间词话》曾列举此词,以为人之成大事业者,必皆经历三个境界,"昨夜西风凋碧树,独上高楼,望尽天涯路",此第一境也。"衣带渐宽终不悔,为

王国维像，先生曾把稼轩词"众里寻他千百度，蓦然回首，那人却在灯火阑珊处"作为人之成大事业之第三境界。

伊消得人憔悴"，此第二境也。稼轩这首词中的"众里寻他千百度，蓦然回首，那人却在灯火阑珊处"为第三境也。当然，王国维先生也说："遽以引意解释诸词，恐为晏欧诸公所不许也。"以为自己的这番理解不一定能得到作者的认可。

乾道八年（1172年）春，辛弃疾自司农寺主簿出知滁州（今属安徽）。虽然只是个从八品的小官，但这毕竟是他南归后第一次当上了地方的一把手，而且还带有破格任用的意思。等了这么久，终于等来一个初显身手的机会，辛弃疾欣然前往。滁州地处江淮之间，属淮南东路，西北清流山当众山缺口，扼江淮之冲途，是历代军事要冲。在1161年和1163年宋金的两次战役中，滁州遭受严重战祸；1168年到1171年四年之内，滁州又相继遭水旱之灾，以致民不聊生，哀鸿遍野，朝廷官员几乎没有人愿意来收拾这个烂摊子，辛弃疾却非常中意这个有实权能在地方任上做点实事的职位。

摆在辛弃疾眼前的滁州比他预想的还要糟糕：整个城郭干脆就荡然成墟，一片残墙瓦砾之间零零落落地搭盖着一些茅屋苇棚，百姓食不果腹，衣不蔽体，到处是一派凄惨残破的景象。这个曾在欧阳修笔下"花光浓烂柳轻明"的滁州竟变得如此凋敝萧条。

辛弃疾开始着手改变滁州的现状了。到任以后，他立即以勇往直前、果决明快的作风，进行了一系列卓有成效的积极措施。首先，是减轻老百姓的赋税负担，让人们有吃有穿。百姓历年积欠的租赋共钱五千八百贯，他请求朝廷给予全数豁免，还减免了商贩业税额十分之七。其次，是招抚流亡，安定民生。对逃荒流亡的居民，租给土地，贷给钱粮，修建房屋；分给流民土地、农具、牧畜、种粮，鼓励他们在滁州安家落户，平时农耕，农闲之时则编练民兵，练兵习武；很快，滁州的人口逐渐

宋都御街

增加，生活恢复了。第三，恢复城市的商业建设。辛弃疾组织民工烧造砖瓦，砍伐木材，雇用工匠，在乱草纵横的街道上，建筑起商铺、客店、酒馆，以便行旅。恢复了交易市场，取名"繁雄馆"。第四，选择城西一块佳地修建了一座高楼，取名为"奠枕楼"，为居民登临游览的场所。这一年恰值夏麦丰收，短短的半年之内，滁州过去荒陋的面貌已大为改观。

"奠枕楼"，取天下太平、安居高卧、登楼览胜、与民同乐之意。更深一层，是为激发民众振奋精神，鼓动军民积极抗金的斗志。奠枕楼初建成时，有不少名士和朋友作文赋诗，友人周信道来滁州相会并与崔敦礼各作一篇《滁州奠枕楼记》略记其始末。滁州发生了巨大的变化，物阜民康，证明了辛弃疾初任地方官的才能，也为实现主战派的战略意图，做好了充分的准备，只待具体的实施时间。此时他也抑制不住内心的激动，《声声慢·滁州旅次登奠枕楼作》就是他这种兴奋心情的表达：

征埃成阵，行客相逢，都道幻出层楼。指点檐牙高处，浪涌云浮。今年太平万里，罢长淮千骑临秋。凭栏望，有东南佳气，西北神州。千古怀嵩人去，还笑我身在，楚尾吴头。看取弓刀陌上，车马如流。从今赏心乐事，剩安排酒令诗筹。华胥梦，愿年年人似旧游。

字里行间流露出与民同乐的喜悦之情。辛弃疾还有一首词《西江月·为范南伯寿》也是写于这一时间：

秀骨青松不老，新词玉佩相磨。灵槎准拟泛银河，剩摘天星几个。　奠枕楼头风月，驻春亭上笙歌。留君一醉意如何？金印明年斗大。

范氏访晤滁州，辛弃疾为他赋词祝寿，词人此时雄

辛弃疾纪念像

心勃勃，壮志凌云的豪气词语中充满浪漫的遐想和胜利的期待。

乾道九年（1173年）初春，忙于公务与备战的辛弃疾以难得的好兴致与江浦来滁的游者一同冒着大雪后的酷寒，踌躇满志、兴致勃勃地登上了银装素裹的琅琊山，游览之后，泼墨题字，命人勒石，极其郑重地在无梁殿西清风亭后留下一方长180厘米，高100厘米，有数行楷

书字样的摩崖石刻。

辛弃疾这一次踏雪登山留下摩崖石刻，虽不是豪放的辞章，内容仅仅叙述游山时间及江浦来游者的姓名等，但此举无疑反映了词人此时愉悦爽朗的心情，而什么事能让这位立志要恢复中原、复仇雪耻的民族志士感到心情愉悦精神爽朗呢？看来只能是南宋朝廷在抗金问题上的行动了。

这一年年初，已年过花甲的虞允文，怀着光复中原的信念，从京城上道抵川，设幕府于汉中，实施着他与孝宗皇帝的约定：虞允文按照绍兴三十二年提出的进军陕西，挥师东入河南的计划；宋孝宗则督师北上，预定某日会师河南。

两淮战事变幻莫测，前线的战情也瞬息万变。宋孝宗急不可待，整军练武，作攻金准备，期望早日发动对金战争。乾道九年（1173年）九、十月间，宋孝宗两次以接受金朝书仪式不平等而发难，企图激化矛盾，并以密诏催促虞允文发兵。而虞允文到四川后，虽采取了一系列积极备战措施，但由于军需未备，迟迟不能确定出兵的日期，"引起宋孝宗的不满，虞允文也知道宋孝宗的心情，为不负厚望，更加积极备战，日夜奔忙，'戴星乘马，冰满鬓髯'而不顾，终于因此得病，于淳熙元年（1174年）二月辞世，享年六十五岁，赠太傅，赐谥忠肃。"

此时，在滁州严阵以待、积极进行防守准备的辛弃疾，密切关注着时局与国事，从他留下的另一篇词文中可以看出词人由急切振奋到失望落寞的心情转换。

乾道九年（1173年）中秋前夕，辛弃疾的副手范昂任满，奉诏返京。辛弃疾与范昂作别，作了这首词《木兰花慢·滁州送范倅》：

老来情味减，对别酒，怯流年。况屈指中

辛弃疾塑像

秋，十分好月，不照人圆。无情水都不管，共西风只管送归船。秋晚莼鲈江上，夜深儿女灯前。

征衫便好去朝天，玉殿正思贤。想夜半承明，留教视草，却遣筹边。长安故人问我，道愁肠殢酒只依然。目断秋霄落雁，醉来时响空弦。

这首词的上片是说：我老了，年轻时的情味早已衰减，眼看着流年从指间滑过，这已经让我感到恐惧了。屈指算算中秋已经临近，又是一个万家团圆的节日，可惜那一轮美好的皓月，偏偏在我们别离时圆了。无情的流水更是不体会我们依依惜别的深情，与西风只管推波助澜，载着离人乘坐的船向东流去。想来你在归途中就能尝到家乡的莼羹鲈鱼，到家后又能与儿女灯前夜话共享天伦之乐吧！

词的下片转到送别主旨上。"征衫便好去朝天，玉殿正思贤。想夜半承明，留教视草，却遣筹边"，这几句意思是说，朝廷现在正是用人的时候，玉殿上的天子在想着起用贤才，你此去京城拜见皇帝一定会得到重用，估计你会夜半还在奉旨起草诏书，或者被委派去筹划守边的大事吧。好一派君臣相得，振邦兴国的景象！这几句寄托了词人的理想，表明愿为光复中原竭股肱之力、效忠贞之节，大有"但用东山谢安石，为君谈笑静胡沙"

（李白《永王东巡歌》）的气概。

词人的愿望是美好的，现实情况却是自己滞留在滁州无所作为，所以他又对范昂说："长安故人问我，道愁肠殢酒只依然。""长安"是唐代的都城，这里代指南宋都城临安。这句变昂扬为纡徐低沉，倘若友人去了京城，遇到老朋友，可以告诉他们，自己仍然是借酒消愁，为酒所困。

结句"目断秋霄落雁，醉来时响空弦"，意思是说词人醉中张弓满月，空弦虚射，却惊落了秋雁，短短两句即塑造出一个壮怀激烈却无用武之地的英雄形象。"目断"两字虽极有神韵，"醉来"却再次点明了空有满腹壮志无处施展、只能借酒消愁的窘境。正如清人陈廷焯说："稼轩有吞吐八荒之概而机会不来……故词极豪雄而意极悲郁。"（《白雨斋词话》）

总之，从辛弃疾的这些词作可以看出，他在滁州虽然为自己的治绩而欣慰，"赏心乐事，剩安排酒令诗筹"，并盼望着能更好地施展身手，多为百姓做实事；同时又为自己的恢复大计不被重视，空有满腔抱负却无法施展而忧愁着。也许是常常借酒消愁的缘故吧，1173年的冬天，身体一向健朗的辛弃疾生了一场大病，不得不卸任离开滁州，回到他在京口的家里养病。

地方任上　政绩斐然

辛弃疾大概没想到，他的军事才能竟然首先被朝廷用来平定茶商军。北宋茶法基本上采用以征收茶租为基础的通商法，北宋末年茶叶改由官府专卖，茶商就所在州县或京师请买运茶凭证（称为"茶引"），从茶农处买茶，经官府办理验引称茶等手续后，运至他处贩卖，方为合法。到了南宋，大体上仍沿用此法。然而南宋时宋、金之间战事频仍，朝廷财政吃紧，贩茶的商人们所购买的"茶引"几经增价，大大加重了商人们的负担，甚至"茶引"的成本贵到让贩茶的商人们无利可图的地步。无利可图的生意怎么做？于是，茶商们干脆就组织成百上千人的队伍进行武装走私，碰到检查的关卡就使用武力冲过去，这样就逐渐成了南宋政府眼中的"茶寇"。

茶商赖文政起兵于湖北，一度转入湖南、江西等地，朝廷先后命江州都统皇甫倜、鄂州都统李川、江南西路兵马总管贾和仲等剿捕义军，皆为茶商军打败。六月，朝廷任命辛弃疾为江西提点刑狱，节制诸军，进攻茶商军。辛弃疾自从接受任命后，便"专意督捕，日从事于兵车羽檄间，坐是怔忪，略无少暇"（辛弃疾《启札》）。他采用虚实结合、有攻有守的军事部署，对茶商军进行围攻夹击。

　　茶商军终因寡不敌众，战斗力日渐削弱，辛弃疾就乘机派人去茶商军的军营中招降，宣称只要归顺，就可以放他们一条生路。赖文政眼看已经走投无路，只好答应亲自去辛弃疾营中投降，起义军瓦解。赖文政投降后，为辛弃疾所杀。于是，到淳熙二年九月份，这场在湖北、湖南、江西、广东等地都引起了很大骚动的茶商起义，就这样被辛弃疾彻底平定了。

　　辛弃疾自淳熙元年秋受叶衡推荐任仓部员外郎、仓部郎中，次年出任江西提刑，直至淳熙八年末，他被劾罢官，职任更迭十分频繁。邓广铭先生在其著作《辛稼轩年谱》（增订本）中，曾将辛弃疾出任江西提刑至被劾罢官的仕历情况列出，现转录如下：

淳熙二年（1175年）

七月，出任江西提点弄狱。

九月，以平茶商军加秘阁修撰。

淳熙三年（1176年）

秋冬之交，调京西转运判官。

淳熙四年（1177年）

春，差知江陵府兼湖北安抚使。

十一月，迁知隆兴府兼江西安抚使。

淳熙五年（1178年）

春，召为大理少卿。

夏秋之交，出为湖北转运副使。

淳熙六年（1179年）

春三月，改官湖南转运副使。

秋冬之交，改知潭州兼湖南安抚使。

淳熙七年（1180年）

年末，加右文殿修撰，差知隆兴府兼江西安抚使。

淳熙八年（1181年）

七月，以救荒有绩，转奉议郎。

十一月，改官两浙西路提点刑狱，随即因台臣王蔺论列而落职。

1176年春天，辛弃疾经过江西万安县一个叫造口的地方，想起一段历史旧事，建炎三年（1129年），金兵南侵进入江西，到处烧杀抢掠，百姓流离失所，四处逃难，

驰骋疆场名震词坛的辛弃疾
CHICHENG JIANGCHANG MING ZHEN CITAN DE XIN QIJI

辛弃疾塑像，位于郁孤台前。

甚至连隆祐太后也在金兵的追逐下连夜乘船逃命，后来在造口这个地方弃船登岸，跑到了虔州。忆往昔，仓皇逃窜，看今朝，贪图苟安，历史让辛弃疾感慨，现实更让他悲愤，万千的思绪无法抑制，于是他挥笔在江边的石壁上题了一首《菩萨蛮·书江西造口壁》：

郁孤台下清江水，中间多少行人泪。西北望长安，可怜无数山。　青山遮不住，毕竟东流去。江晚正愁余，山深闻鹧鸪。

郁孤台在江西赣州城的西北角。"郁孤台下清江水，中间多少行人泪"，起笔横绝，郁孤台下那滚滚流逝的清江之水啊，中间融入了多少行人的眼泪。"行人泪"三字直点造口当年事，词人身临隆祐太后被追之地，痛感建炎国脉如缕之危，愤金兵之猖狂，羞国耻之未雪，乃将满怀之悲愤，化为此悲凉之句。在词人心中，此一江流水，皆为行人所流下的伤心泪，滔滔不绝，无止无休。而且不仅隆祐年间，由北宋到南宋，自中原至江淮而江南，其中又有多少行人伤心欲绝的眼泪啊！

"西北望长安，可怜无数山。"长安指汴京，西北望犹言东北望。词人因回想隆祐被追而念及神州陆沉，独立造口仰望汴京，亦犹当年杜甫之独立夔州仰望长安。

抬望眼，遥望长安，境界顿时无限高远。然而，可惜无数青山重重遮拦，望不见也，境界遂一变而为具有封闭式之意味，顿挫极有力。向西北远眺中原，那重重叠叠的山岭是多么美丽，可惜河山虽好，却已经落入敌手，不属于我们了。

"青山遮不住，毕竟东流去。"无数青山虽可遮住长安，但终究遮不住一江之水向东流。换头是写眼前景，若言有寄托，则似难以指实。若言无寄托，则"遮不住"与"毕竟"二语，又明显带有感情色彩。此词句句不离

郁孤台，位于江西赣州。

山水。"遮不住"三字，将青山周匝围堵之感一笔推去，"毕竟"二字更见深沉有力。反观上阕，清江水既为行人泪之象喻，则东流去之江水如有所喻，当喻祖国一方。无数青山，词人既叹其遮住长安，更道出其遮不住东流，显然此江水东流应该比喻正义力量之所在。

然而时局并不乐观，词人心情并不轻松。"江晚正愁余，山深闻鹧鸪。"词情词境又作一大顿挫。意思是：江上天色已晚，正满怀愁绪的我，听到那从深山之中传来的鹧鸪鸟的叫声，鹧鸪的叫声非常哀切，有点像是在说"行不得也哥哥"，就是走不得、不要走的意思。古人经常在诗词中借鹧鸪声来表达对旅人的思念，鹧鸪声声，其呼唤词人莫忘南归之怀抱耶？抑钩起其志业未就之忠愤耶？或如山那畔中原父老同胞之哀告耶？实难作一指实。但我们能体会到词人那无法遮掩的满腹愁苦，而此种愁苦，恰恰是南宋朝廷不思进取、贪图苟安所造成的。

此词抒发对建炎年间国事艰危之沉痛追怀，对靖康以来失去国土之深情萦念，词中运用比兴手法，以眼前景道心上事，达到比兴传统意内言外之极高境界，而为南宋爱国精神深沉凝聚之绝唱。故梁启超云："《菩萨蛮》如此大声镗鞳，未曾有也。"

大约在1176年的秋冬之际，辛弃疾被调任为京西路的转运判官，而且是身兼三职，还兼任了京西路提点刑狱和提举常平司的长官。第二年春天，他被任命为知江陵府兼湖北安抚使。

辛弃疾为政的特点是刚毅果断，讲究谋略。他在湖北安抚使任上时，严于治盗，"得贼则杀，不复穷究，奸盗屏迹"。还曾经创建地方武装"飞虎军"，一经朝廷批准，立即行动，"乃度马殷营垒故基，起盖寨栅，招步军二千人，马军五百人，傔人在外，战马铁甲皆备。先以缗钱五万于广西买马五百匹，诏广西安抚司岁代买三十匹。时枢府有不乐之者，数沮挠之，辛弃疾行愈力，卒不能夺。经度费巨万计，弃疾善斡旋，事皆立办。议者以聚敛闻，降御前金字牌，俾日下住罢。弃疾受而藏之，出责监办者，期一月飞虎营栅成，违坐军制。如期落成，开陈本末，绘图缴进，上遂释然，时秋霖几月，所司言造瓦不易，问：'须瓦几何？'曰：'二十万。'弃疾曰：'勿忧。'令厢官自官舍、神祠外，应居民家取沟敢瓦二，不二日皆具，僚属叹服。军成，雄镇一方，为江上诸军之冠。"（《宋史·本传》）

这段话的意思是说，辛弃疾创建"飞虎军"的计划一经朝廷批准，立即采取了紧张的建军行动。他选择五代马殷在长沙的营垒故地，建造新的营房，并限期一个月内完成。在修造营栅的时候，适逢秋雨连绵，所需的二十万片瓦无法烧制。于是，辛弃疾下令全城居民，两日内每家供送二十片瓦。凡送足瓦片者可得钱一百文，以致各家各户送瓦者络绎不绝，所需瓦片如期如数凑齐。铺砌道路需要大量石块，辛弃疾又下令调集全城在押囚犯，到长沙城北的驼嘴山去开采，并规定将根据各人开采的数量作为减刑的依据。为此，囚犯们个个争先恐后，凿的凿，抬的抬，所需的石块也在很短的时间内备齐。

  与此同时，辛弃疾抓紧招兵买马。他采用了四方罗致的办法，从各地原有的地方部队中选拔，从各路旧有将帅人员中物色，妥为安置配备。一时间各方人才云集长沙，大家都慕辛弃疾之名，愿为之效劳。几十天工夫，长沙城内便立起了营帐，树起了"飞虎军"的旗帜。新建的飞虎军共有步兵二千，骑兵五百，都是壮健勇武之士。辛弃疾还派人到广西产马的地方，以五万贯钱买回了五百匹战马，并请广西的安抚使司每年代买战马三十匹，以作补充之用。

  然后，飞虎军开始了严格的训练。操演场上，竖起了"兵营重地，闲人禁入"的牌子。辛弃疾亲自坐镇，督同操习，严申军纪，扰民者轻则罚，重则格杀勿论，并勉励将士忠君爱国，报国雪耻。

  辛弃疾在创建飞虎军的过程中，曾受到枢密院不少人的阻挠。他们一方面劾奏他聚敛民财，一方面以枢密院下"御前金字牌"，命令他立即停建营房。辛弃疾接到金字牌后，不仅没有停工，反而加快了工程进度；竣工之后，他才把经营过程、经费来源、开支情况，一一写明，连同飞虎营寨的图样，向朝廷启奏，使反对派无懈可击，皇帝也就释然于怀。

《宋史》上说，飞虎军成立以后，"雄镇一方，为江上诸军之冠"。不但很好地维护了地方治安，而且成为南宋中后期维护湖南政治局势的军事支柱，对北方边境的守备也起到了很大的支持作用。金人称之为"虎儿军"，闻风丧胆，十分畏惧。辛弃疾在湖北安抚使任上，除了创建飞虎军外，在整顿乡社、弹劾贪官、兴办教育等方面也做了许多工作。

在辗转江西、两湖等地安抚和转运使的任职期间，频繁的改官，繁杂的政务，使辛弃疾似乎没有太多时间去思考恢复大计，但恢复的愿望却从未稍减。

1180年底，朝廷下了一道调令，他被再次任命为隆兴知府

宋代定窑白瓷童子诵经壶

兼江西安抚使，不得不离开湖南。至此，他南归十八年多，已经被调动十六次。这种频繁的调动显然对事业不利，辛弃疾早在淳熙五年（1178年）调任湖北转运使时就曾感叹说："楼观才成人已去，旌旗未卷头先白。"（《满江红·江行，简杨济翁、周显先》）总是在一地刚刚有所建树，就被调离，北定中原的夙愿未酬，人却已老去。主宰不了自己命运的辛弃疾，也只能空自感叹。

用梁衡先生在《把栏杆拍遍》一文中的话说就是："国有危难时招来用几天；朝有谤言，又弃而闲几年，这就是他的基本生活节奏，也是他一生最大的悲剧。别看他饱读诗书，在词中到处用典，甚至被后人讥为'掉书袋'。但他至死，也没有弄懂南宋小朝廷为什么只图苟安而不愿去收复失地。"

辛弃疾名弃疾，他那从小使枪弄棒、壮如铁塔的身躯又哪里有什么病？要说有病，他只有一块心病，就是山河破碎，恢复未成，寝食难安。

卜居带湖　自号"稼轩"

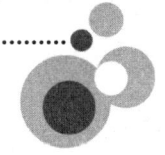

淳熙八年（1181年）冬，辛弃疾由江安安抚使改任浙西提刑，监察官员对他进行了严厉的弹劾，罪名是"奸贪凶暴，帅湖南日虐害田里"，就是说他为人奸猾贪婪残暴，任湖南安抚使期间曾经残酷迫害老百姓。

有一本叫作《西垣类稿》的书，收录了当时以皇帝名义签发的处分辛弃疾的文件，题目叫《辛弃疾落职罢新任制》，现引录如下："肆厥贪求，指公几为囊橐；敢于诛艾，视赤子犹草菅。凭陵上司，缔结同类。愤形中外之士，怨积江湖之民。方广赂遗，庶消讥议。"

意思是说，辛弃疾为人贪婪无度，把公家财产视为自己的囊中之物；敢于诛杀，把百姓的性命看作草芥一般。为人倨傲，无视上级的权威，却喜欢结党营私，建立自己的关系网。他的所作所为让朝野上下的人都非常愤怒，靠着四处送礼行贿，才侥幸逃过了别人的批评和

议论。

　　姑且不论辛弃疾的罪行是否属实，这些话说得可够狠的，他也因此被罢官了。对于此事，他并非没有准备。淳熙六年，他在奏呈宋孝宗的《论盗贼札子》中写道："臣生平刚拙自信，年来不为众人所容，顾恐言未脱口而祸不旋踵。"其忧心忡忡，可见于言表。他开始着手准备退路了。他买下了江西信州（今江西上饶）城北带湖之畔的一块地，并派人着手营建房舍，准备将来自己退下来了，就来这里当农民。为此，他还特意把临近稻田一面的房子取名为"稼轩"，表示"人生在勤，当以力田为先"，意思是人生在于勤奋，要把农业劳动放在第一位。后来，"稼轩"也就成了他的别号。当新居上梁时，他作了一篇《新居上梁文》，其中有新居落成的喜悦："百万买宅，千万买邻，人生孰如安居之乐？一年种谷，十年种木，君子常有静退之心。"

　　"百万买宅，千万买邻"是一个典故，南朝梁武帝时，有个叫宋季雅的人从郡守的位置退下来后，在吕僧珍的住宅旁边买了一处房子。吕僧珍问他花了多少钱，他说花了一千一百万。吕僧珍说他买的太贵，宋季雅回答说："我是一百万买宅，一千万买邻。"宋季雅为什么非得要与吕僧珍为邻呢？原因就是吕僧珍当时官风很正，人品很好，所以在宋季雅看来，花一千万买邻居是值得

驰骋疆场名震词坛的辛弃疾
CHICHENG JIANGCHANG MING ZHEN CITAN DE XIN QIJI

寒林平野图　宋　李成

097

的。辛弃疾这里的意思是说：没有必要花这么高的代价去跟名人套近乎攀交情，人生哪里比得上安闲居住快乐呢？想要一年有一次收获的，就去种稻谷；想要十年有一次收获的，就去种树，各人按照自己喜欢的方式去选择好了，君子应该有一颗宁静闲退的心。由此可见，辛弃疾向往安居的生活，可他从小所受的教育又让他难以放下恢复大计。

其实，在1181年秋，辛弃疾在带湖旁的新居将要完工时，他已表露出为归隐还是继续进取而犹豫的矛盾心情，且来看他那首著名的《沁园春》：

三径初成，鹤怨猿惊，稼轩未来。甚云山自许，平生意气；衣冠人笑，抵死尘埃。意倦须还，身闲贵早，岂为莼羹鲈鲙哉！秋江上，看惊弦雁避，骇浪船回。　东冈更葺茅斋。好都把轩窗临水开。要小舟行钓，先应种柳；疏篱护竹，莫碍观梅。秋菊堪餐，春兰可佩，留待先生手自栽。沉吟久，怕君恩未许，此意徘徊。

首句开门见山，顺题而起。西汉蒋诩隐居时门前开了三条小路，一条自己走，另外两条给两个志趣相投的朋友走，其他的人则一概谢绝往来，自此，"三径"即成为隐士居处的代称，陶渊明《归去来辞》中就有"三径就荒，松菊犹存"的句子。"鹤怨猿惊"出于南齐孔稚珪《北山移文》："蕙空兮夜鹤怨，山人去兮晓猿惊。"是说假隐士周颙离开了他所隐居的北山去追名逐利，于是北山上的鹤和猿等动物都产生了怨恨和惊讶之情。这三句的意思是说：我隐居的地方已经准备好了，可是我却迟迟没有回去，那里的鹤和猿都以为我是贪恋官场的名利，不肯回来，所以就对我产生了怨恨和惊讶之情。

"甚云山"四句，有点儿自言自语的味道，写主观想法。既然我的平生志趣是以"云山自许"，为什么还老是待在尘世里当官，惹先贤隐士嘲笑呢！显然，这只不过是辛弃疾在遭到投降派一连串打击之后，所发的一种牢骚自嘲而已。

"意倦须还，身闲贵早，岂为莼羹鲈鲙哉？"词人不愿做违心之事，他认为既然厌恶这丑恶的官场又不能以己之力匡正，就应该急流勇退，愈早愈好，不要等被人家赶下了台才离开；再说自己也不是像西晋张翰那样因想起了家乡味美的鲈鱼脍、莼菜羹而弃官还乡，心中无愧，又何苦"抵死尘埃"呢？这里，暗示了作者同南宋统治集团之间的矛盾已到了不可调和的程度，并表明了自己的磊落胸怀。其中"意倦"句，表明自己绝不愿为朝廷的苟安政策效劳，志不可夺去向已定；"岂为"句，说明他之退隐并不是为贪图个人安逸享受；最值得体味的是"身闲贵早"里的"贵早"二字。固然，这是为了呼应前文曲露的对新居的向往，欲归之情，不过主要还是说明，词人不堪反对派对自己的毁谤和打击，而且可能预感到一场新的迫害正在等待着他，不如抽身早避。

"秋江上，看惊弦雁避，骇浪船回"三句，表明了自己离政归田的真正原因是避祸，就像鸿雁听到了弦响而逃，航船见到了恶浪而避开一样。自己已是别无他途，不得不如此。

下片主要写对未来生活蓝图的设想。词意仍缘新居

茂林远岫图 宋 李成

将成而起。将成是指，初具规模但还有待于进一步完善。"东冈"二句，先就建筑方面说，再修一幢茅屋作为书斋，设于东冈，并把窗户全部面水而开，既照应了题中"带湖"二字，又照应了"平生意气"，即"云山自许"的雅致。

"行钓"同"种柳"联系起来，表明词人向往的是"小舟撑出柳阴来"的画境。表达了对官场争斗的厌倦，对乡村宁静的向往。下面写竹、梅、菊、兰，不仅表现了词人的生活情趣，更喻指词人的为人节操。竹、梅是"岁寒三友"之二友，竹经冬而不凋，梅凌寒而怒放。既要"疏篱护竹"，又要"莫碍观梅"，既表示作者玩花弄

草的雅兴，更可以看出他对竹、梅坚贞品质的热忱赞颂和向往。

至于菊、兰，都是伟大爱国诗人屈原喜爱的高洁的花草。他在《离骚》中"餐秋菊之落英"，"纫秋兰以为佩"等句，表示自己所食之素洁和所服之芬芳，辛弃疾说，既然古人认为菊花可餐、兰花可佩，那我一定要亲手把它们栽种起来。显然，"秋菊"两句，明讲种花，实言心志，古人志行高洁，自己亦当仿效。

然而屈原餐菊佩兰是在被楚王放逐以后，而辛弃疾当时还是在职之臣。坚持理想节操固然可以由自己决定，去留却不是自己所能做主的了。所以他接着说："沉吟久，怕君恩未许，此意徘徊。"这三句初看似有些突兀，但细想，恰是当时作者心理矛盾含蓄而真实的流露。辛弃疾一生为国志在统一，志向尚未实现本不愿意离政，但诉诸文字却说"怕君恩未许"。因此，这一方面固然暴露了作为统治集团一员的辛弃疾仍对腐朽朝廷昏庸皇帝存有不切实际的幻想；另一方面，更可以说，这是他始终不忘复国、积极从政、赤诚用世之心的流露。全词就在这种做官却不能更好地施展自己的才能、归隐却又有些不甘的矛盾心境中结束。

之所以说辛弃疾对封建君主还抱有希望，他在湖南给孝宗《论盗贼札子》的报告中有这样一段话："臣孤危一身久矣，荷陛下保全，事有可为，杀身不顾。"意思是说我处于孤单危险的境地已经很久了，全靠陛下您保全我。然而只要事情值得我去做，那我宁可牺牲生命也在所不惜。可见，尽管辛弃疾一直在居庙堂之高与江湖之远犹豫着，但儒家的进取意识终究没有让位于道家的退隐思想。淳熙八年遭到弹劾，才使他彻底放弃了官场，而回带湖开始了隐居生活。

尽管退居不是辛弃疾真心所愿，一旦回到水光潋滟的带湖，与鱼鸟相约，拟种树种花，无官一身轻的他，还是感觉到一种前所未有的轻松，这种心情在他那首著名的词《水调歌头·盟鸥》中或可见一二：

带湖吾甚爱，千丈翠奁开。先生杖屦无事，一日走千回。凡我同盟鸥鹭，今日既盟之后，来往莫相猜。白鹤在何处？尝试与偕来。破青萍，排翠藻，立苍苔。窥鱼笑汝痴计，不解举吾杯。废沼荒丘畴昔，明月清风此夜，人世几欢哀。东岸绿阴少，杨柳更须栽。

词的上片从"带湖吾甚爱"到"一日走千回"，说的是带湖之美。以首句中"甚爱"二字统摄，次句用"千丈翠奁开"之比喻，盛赞带湖景色之胜，说明"甚爱"

的原因。放眼千丈宽阔的湖水，宛如打开翠绿色的镜匣一样，一片晶莹透澈。面对如此美景，难怪"先生杖屦无事，一日走千回"了。这是用夸张写法来说明"甚爱"程度。

"凡我同盟鸥鹭，今日既盟之后，来往莫相猜"，这几句引用了《列子》中的一个典故：从前有个人终日在海边与鸥鸟玩，他一去就会有成百上千只鸥鸟聚集到他身边。一天，他父亲对他说，听说那些鸥鸟都不怕你，都跟你一起游玩，你抓一只回来给我看看。这个人心想那还不是小事一桩嘛。没想到，第二天他到海边时，那些鸥鸟只是在天空飞舞，就是不肯落下来。辛弃疾用这个典故是说自己一点不良企图没有，与我结成盟友的鸥鸟可以放心地与我往来。

这里"莫相"之"相"，

秋江渔隐图　宋　马远

虽然关系双方，但实际只表明词人绝无害鸟之心，望鸥鹭尽情栖游，无须担惊。《左传·僖公九年》有这样记载："齐盟于葵丘曰：'凡我同盟之人，既盟之后，言归于好。'"词里这几句格式，当为《左传》词句套用，不过来了个"大材小用"，你和诸侯结盟，我跟鸥鸟结盟。"白鹤"二句，是写对眼前鸥鸟之嘱：托其试将白鹤也一起邀来。由爱所见之鸥鹭，而兼及未见之白鹤，其"爱"更进一层。

上片词的语调真是轻松活泼，过片紧承上阕遐想。作者一片赤诚，欲与鸥鸟结盟为友，然而鸥鸟如何呢？"破青萍，排翠藻，立苍苔。"它们立于水边苍苔之上，时而拨动浮萍，时而排开绿藻，对词人的美意不理不睬，真是有点儿不解风情呢。

其意何在？从下句可以看出，原来它们正忙着捕食呢，哪里有空搭理词人一起游玩的邀请？所以词人忍不住嘲笑一下："窥鱼笑汝痴计，不解举吾杯"，你们一门心思想要捕鱼，哪里知道和我一起举杯畅饮的快乐？

看来，鸥鸟亦并非词人知己，并不懂得词人离开官场之后此时的情怀，所以他怅然发出了"不解举吾杯"之叹。盟友纵在身旁，孤寂之心依旧，无人能释分毫。可见，词人所举之杯，哪里能为永结盟好作贺，只能浇胸中块垒罢了。

"废沼荒丘畴昔，明月清风此夜"，这里从前是荒废的沼泽和山丘，现在我来到这里享受着清风明月，词人从自己新居的今昔变化中，似乎悟出了社会沧桑和个人沉浮的哲理——"人世几欢哀"。在这里，"欢"应该还有其特指的含义，指现在的隐居之乐，"哀"则指自己仕途失意的隐痛。然而，人世的悲欢、仕途的进退都不是一己之力所能掌控得了的，既然如此，只能过好自己悠闲自乐的隐居生活，词人因而对隐居之所带湖愈加喜爱了。所以他又说："东岸绿阴少，杨柳更须栽。"作长久隐居之计，那湖的东岸绿荫还是太少了，还需要再去栽一些杨柳。

古诗词中有不少描写鸥或与鸥结盟的作品，在文人们的笔下，出没于湖滨溪畔的白鸥是自由的象征。陶渊明歌赞"闲谷矫鸣鸥"的自由畅快，李白抒发"明朝拂衣去，永与海鸥群"的高蹈出世，杜甫向往于"飘飘何所似？天地一沙鸥"的优游自在，黄庭坚表白"此心吾与白鸥盟"的回归自然，陆放翁则表达"归心日夜逆江流……平湖烟水已盟鸥"的归来之意。辛弃疾在这首词中，通过与鸥结盟、邀鸥游玩、鸥不解风情、不解饮等情节描写，深刻地表现了自己闲退生活中轻松自然却依然缺少知音的复杂心情。清代刘熙载《艺概·词曲概》云："词之妙莫妙于以不言言之，非不言也，寄言也。"

细玩稼轩此作,确有"不言言之"之妙。

  从退居带湖时期起,辛弃疾开始多方面地接触到农村生活,并创作了许多具有独特风格的农村题材的词作:

  明月别枝惊鹊,清风半夜鸣蝉。稻花香里说丰年,听取蛙声一片。　七八个星天外,两三点雨山前。旧时茅店社林边,路转溪桥忽见。(《西江月·夜行黄沙道中》)

  父老争言雨水匀,眉头不似去年颦。殷勤谢却甑中尘。　啼鸟有时能劝客,小桃无赖已撩人。梨花也作白头新。(《浣溪沙》)

  茅檐低小,溪上青青草。醉里吴音相媚好,白发谁家翁媪?　大儿锄豆溪东。中儿正织鸡笼。最喜小儿无赖,溪头卧剥莲蓬。(《清平乐》)

  陌上柔条初破芽,东邻蚕种已生些。平冈细草鸣黄犊,斜日寒林点暮鸦。　山远近,路横斜,青旗沽酒有人家。城中桃李愁风雨,

树色平远图 宋 郭熙

春在溪头荠菜花(《鹧鸪天·代人赋》)。

辛弃疾这个人,词人本色是武人,武人本色是政人。作为封建知识分子,对待政治,他不像陶渊明那样浅尝辄止,便带着"不为五斗米折腰"的倨傲,去过"采菊东篱下"的隐居生活;他也不像白居易那样长期在任,亦政亦文。用梁衡先生在《把栏杆拍遍》一文中的话说,"对国家民族他有一颗放不下、关不住、比天大、比火热的心;他有一身早练就、憋不住、使不完的劲。他不计较'五斗米折腰',也不怕谗言倾盆。"所以,这位失路的英雄很难真正过起隐居生活，他的词中还时时流露出壮志未酬的悲愤和郁闷。

辛弃疾在词中说："平生塞北江南，归来华发苍颜。布被秋宵梦觉，眼前万里江山。"（《清平乐·独宿博山王氏庵》）他感叹："少年不识愁滋味，为赋新词，为赋新词强说愁。而今识尽愁滋味，欲说还休，欲说还休，却道'天凉好个秋！'"（《丑奴儿》）他终究还是没有放弃恢复中原的志愿，并且在词中对朝廷在恢复之事上所表现出来的无所作为表示强烈的不满，且来看他的那首《水龙吟·甲辰岁寿韩南涧尚书》：

渡江天马南来，几人真是经纶手？长安父老，新亭风景，可怜依旧。夷甫诸人，神州沉陆，几曾回首！算平戎万里，功名本是，真儒事，公知否？

况有文章山斗，对桐阴、满庭清昼。当年堕地，而今试看，风云奔走。绿野风烟，平泉林木，东山歌酒。待他年，整顿乾坤事了，为先生寿。

鹅湖之会　道义情深

淳熙十四年（1187年），在相位多年，素称爱惜人才的王淮对宋孝宗提出，对像辛弃疾这样能尽心于国事而又有才华的人，应当给他们一定的职位，以备缓急之用。这一提议遭到周必大的反对。于是宋孝宗只给了辛弃疾一个主管武夷山冲佑观的祠禄官职务。尽管只是一祠官，还是在辛弃疾心中激起了涟漪，在次年元月所作的一首《蝶恋花·戊申元日立春，席间作》中说道：

谁向椒盘簪彩胜，整整韶华，争上春风鬓。往日不堪重记省，为花常把新春恨。　春未来时先借问，晚恨开迟，早又飘零尽。今岁花期消息定，只愁风雨无凭准。

清人陈廷焯评此词后两句说："盖言荣辱不定，迁谪无常。言外有多少哀怨，多少疑惧。"此言甚是，迁谪事种种无常，已经让这位"沙场秋点兵"金戈铁马的英雄，怀抱"只愁风雨无凭准"的猜疑了。

辛弃疾的这种猜疑也不是没有理由的。就在淳熙十四年（1187年），退位多年的太上皇宋高宗驾崩，这位力主和议的皇帝的去世，似乎给久已不振的恢复之事带来少许亮色，因为他的存在，难免给宋孝宗带来潜在的消极影响。在这种情况下，一些有志之士意识到，如果宋孝宗仍欲图恢复，或许就会多一些希望。辛弃疾是否这样想的，我们不得而知，但另一位爱国志士陈亮，却已经付诸行动了。

陈亮（1143年—1194年），字同甫，原名汝能，后改名陈亮，以卒葬龙窟马铺山，故世称龙川先生，婺州永康（今属浙江）人。据《宋史》记载，陈亮这个人，"生而目光有芒，为人才气超迈，喜谈兵，论议风生，下笔数千言立就。"是说陈亮生下来时，眼睛就有奇特的光芒，为人非常有才气，喜欢谈论兵法，讲起话来滔滔不绝，写起文章来几千字也一挥而就。这话或许有些夸张，但陈亮年少聪颖，博览群书，纵论古今，却是事实。

陈亮平生力主抗金恢复，乾道五年，上《中兴五论》。淳熙五年正月，再次诣阙，向宋孝宗连上三书，即著名的《上孝宗皇帝三书》，极论世事，主张恢复。大约

陈亮像

就在此时，辛弃疾自江西安抚使被召为大理少卿，来到临安，辛、陈二人相识，交谈颇为投机。

虽然陈亮的上书并没起到什么效用，宋孝宗大概出于笼络人心的考虑，还是准备给他一个官当。知道这个消息后，心高气傲的陈亮却不愿意领情，他说："岂有欲开社稷数百年之基，乃用以博一官乎？"意思是说，我给皇帝上书，是要为国家开启几百年的基业，难道是用来为自己弄个官当吗？最后，他拂袖而去，潇洒地离开了临安，回到浙江永康的家里，继续过他愤世嫉俗的日子。

淳熙十四年冬，陈亮致信朱熹，约他同去与辛弃疾相会，会面的地点是铅山的瓢泉。陈亮也没有等朱熹回复，便先期来到上饶。陈亮的来访，无疑让退隐中的辛弃疾兴奋异常，他顾不得正生着小病，也顾不得风雪严寒，与陈亮同游鹅湖，共饮瓢泉，分析时局，谋划恢复，慷慨激昂，神采飞扬。

辛弃疾后来有一首词《贺新郎》这样写他们重逢交往的情形：

老大那堪说。似而今、元龙臭味，孟公瓜葛。我病君来高歌饮，惊散楼头飞雪。笑富贵千钧如发。硬语盘空谁来听？记当时、只有西窗月。重进酒，换鸣瑟。　　事无两样人心别。问渠侬：神州毕竟，几番离合？汗血盐车无人顾，千里空收骏骨。正目断、关河路绝。我最怜君中宵舞，道男儿到死心如铁。看试手，补天裂！

此时的辛弃疾年已五十，解职已经八年。这开篇第一句虽是接陈亮和词中"老大凭谁说"的话头，却浸透

了自己几十年的辛酸苦泪。二十出头的时候，意气风发，沙场秋点兵；待到年过半百，却是理想落空，老大无成，还能有什么话可说呢？

"似而今、元龙臭味，孟公瓜葛。""元龙臭味"比喻陈亮，"元龙"，三国名士陈登的字，他忧国忧民，以天下为己任。"孟公瓜葛"，比喻自己。"孟公"是西汉陈遵的字。陈遵生性豪爽，嗜酒好客，每宴宾客，为畅饮尽兴，便闭上门户，把客人所乘之车的车辖扔到井中，令客人无法离去。辛弃疾连用古代两个豪士的典故，说自己与陈亮思想一致，志趣相投，互为知音。因此尽管和陈亮一别已经多日，辛弃疾仍对二人当时相聚的情形念念不忘。

"我病君来高歌饮，惊散楼头飞雪。"陈亮来访时，辛弃疾正卧病于床。知交好友忽然出现在眼前，令病中的辛弃疾一下子变得兴致勃勃。他们登上高楼，对酒高歌，纵谈天下。

平日里的辛弃疾，大概只能无言"独"上高楼。而今日有好友相伴，高歌畅饮，意气风发，竟然使得楼头的积雪"惊散"，化作片片雪花飞扬。这夸张的"飞雪惊散"，将两人的英雄气概与狂放精神表现得淋漓尽致。

"笑富贵千钧如发"，世人觉得重如千钧的"富贵"在辛、陈二人眼中不过轻如毛发，完全可以一笑置之，他们看重的是国家的前途、人民的命运。能让辛、陈二人谈论得如此激烈昂扬的，必定是收复中原、救济天下苍生的大事。然而，他们满腔的热情，换来的只是"硬语盘空谁来听"的结局。"硬语盘空"化用韩愈《荐士》诗"横空盘硬语，妥帖力排奡"，韩诗原意是赞孟郊诗歌语言刚硬，这里借指二人铿锵刚直的政治言论。这些言论尽管益国益民，但是世无知音，治国的良言竟无人采纳。"谁来听"之问，其实是反问，因为辛弃疾明知曲高和寡，根本不会有人来听。这一问，既蕴含着他深深的悲哀，也是对朝廷当权派的严厉指问。

"记当时、只有西窗月。"当时陪伴他们的，只有西窗外泛着冷光的月亮。可无知无觉的月亮怎能听懂他们的谈话，领会他们的心意呢？清冷的夜里，偌大的空间，只有辛弃疾与陈亮在激昂高歌、纵论时势，他们多么孤独、多么落寞！

"重进酒，换鸣瑟。"境遇的孤独凄凉，压不住志士们的慷慨激昂。夜虽已深，但他们兴致仍浓，于是一次又一次地斟酒，一次又一次地换乐器演奏。看来，他们是要彻夜长谈了。

"事无两样人心别"，金人侵占中原，并不断欺压、勒索南宋小朝廷，面对这同样的事实，人心却有分别。抗战派力主收复失地，重振江山；主和派却一心求退，

只求偏隅一方。在辛弃疾看来，这些主和的人简直不可理喻。收复沦丧的国土，这天经地义的事为什么在南宋小朝廷这里就不行了呢？

"问渠侬：神州毕竟，几番离合？"辛弃疾在和词中说，中原的父老大半死去，新生的人忘记了故国和民族，中原将要变成金人的领土。想到这些，辛弃疾悲愤异常，他愤怒地质问主和者：你们究竟要让神州大地在敌人的铁蹄之下分裂多久？国家的统一究竟什么时候才能实现？"渠侬"，江浙方言中对他人的称谓，这里指临安朝廷的那些当权人物。

"汗血盐车无人顾，千里空收骏骨。""汗血"，即汗血宝马，因流汗如血而得名，奔跑如飞。汉武帝为了得到它，曾派二十万大军进攻其出产地西域大宛。"盐车"，《战国策》中有一个千里马拉盐车狼狈不堪的寓言，比喻优秀的人才不能被合理利用。本应驰骋沙场的汗血宝马却被当作驽马来用，何其不幸，何其令人叹惋！辛弃疾与陈亮的命运就是如此。辛弃疾二十三岁南归后，为抗金复国献计献策，朝廷却毫不理会。近二十年的宦海生涯，他屡遭打击，如今已被罢官闲置七年之久。陈亮的境遇更加悲惨。他力主抗金北伐，"独奋迹于草野，诋排众议，倡言恢复"，献爱国奏章于宋孝宗，令其赫然震动。然而就是这样一个忠贞之士，竟然被人"以为狂怪",几乎被置于死地。

像辛弃疾、陈亮一样的人才被埋没、屈辱,而南宋朝廷执政者竟然还虚伪地标榜自己虚怀若谷,招贤纳士。《战国策》记载,燕昭王想招贤,郭隗给他讲了这样一个故事:古时有个国王想买千里马,有人替他花五百金买了一具死马骨,国王大怒。此人辩曰,死马都肯出五百金,何况活马,如此一来,世人就都知你买马的诚意了。果然,不到一年,国王就买到了三匹千里马。辛弃疾指出,纵然朝廷摆出一副肯花五百黄金购买骏马死骨的爱才姿态,对国家百姓又有什么实际意义呢?"千里空收骏骨"中的"空"字,不仅是说南宋朝廷的故作姿态毫无用处,也包含着辛弃疾对自己和陈亮一样的人才得不到重用的遗憾与怨恨。

"正目断、关河路绝。"大雪茫茫,道路中断,不通关河。眼前之景令辛弃疾又想到了国家的中兴大业。收复中原之路不正像脚下的路一样,被人阻绝了吗?

"我最怜君中宵舞,道男儿到死心如铁。"尽管如此,抗金志士们也从未放弃过复国的理想。辛弃疾如此,他引为同道的陈亮亦是如此。"中宵舞",引用东晋名将祖逖"闻鸡起舞"的典故。据《晋书·祖逖传》,祖逖和刘琨二人为好友,共被同寝,每闻中夜鸡鸣,祖逖即唤醒刘琨,同去舞剑。辛弃疾在此将陈亮比作祖逖,赞赏

他逆境之中依然奋发有为、雄心不死的精神。

"看试手，补天裂！"传说远古时候，共工与祝融交战，不胜而怒，头撞不周山，撞折了天柱，天缺了一个大口，地也陷了下去，水生火起，人民挣扎在苦难之中。幸亏女娲炼五色石以补天，并砍断大鳌的四只脚，用它们支起天空，然后，她又治水灭火，使人民摆脱了苦难。朋友陈亮的坚持与执着，令辛弃疾豪兴大发。他鼓励陈亮，同时也鞭策自己：一定要收复中原失地，整顿破碎的山河，拯救危难的国势！

词中表现的辛、陈情谊深挚动人。杜甫曾用"世人皆欲杀，吾意独怜才"表达他对李白的情谊，而辛弃疾后来在为陈亮写的祭文中亦有"人皆欲杀，我独怜才"之语。李杜友情传为千古佳话，四百年后的辛、陈情谊，同样令人唏嘘感叹。

辛弃疾与陈亮之间有好几首唱和《贺新郎》的词，上面那首词就是和陈亮下面这首《贺新郎》词的：

老去凭谁说。看几番、神奇臭腐，夏裘冬葛。父老长安今余几，后死无仇可雪。犹未燥当时生发。二十五弦多少恨，算世间、那有平分月。胡妇弄，汉宫瑟。　　树犹如此堪重别，只使君、从来与我，话头多合。行矣置之无足问,谁换妍皮痴骨。但莫使、伯牙弦绝。九转丹砂牢拾取,管精金只是寻常铁!龙共虎,应声裂。

将辛词和陈词两相对照,可以感觉到两人相同的政治主张、相投的个性脾气,难怪两人相处得如此融洽,彻夜长谈,只恨夜短。不觉已过十日,他们又赶到紫溪,等候朱熹的到来,以共商恢复大计。遗憾的是,朱熹没来,失望之余,陈亮告别辛弃疾,"飘然东归"。

辛弃疾觉得意犹未尽,在陈亮走后的第二天,竟驾车追赶过去。赶之不及,复又作词寄陈,陈亮亦有书来。

宋代理学家朱熹

五马图 宋 李公麟

辛、陈的词韵酬唱，为后人留下了记载"鹅湖之会"的数首著名的《贺新郎》词。

还须提及的，是那位鹅湖之会的缺席者朱熹。朱熹（1130年—1200年），字元晦，一字仲晦，号晦庵、晦翁、考亭先生、云谷老人、沧州病叟、逆翁，南宋江南东路徽州府婺源县（今江西省婺源）人。十九岁进士及第，曾任荆湖南路安抚使，仕至宝文阁待制。为政期间，申敕令，惩奸吏，治绩显赫。

朱熹为绍兴十八年（1148年）进士，初任泉州同安县主簿。任满后，请求辞官，潜心理学研究，四处讲学，宣扬他的"存天理，灭人欲"的理学思想体系，成为程（指程颢、程颐）朱学派的创始人。淳熙五年（1178年），经宰相史浩推荐，朱熹出任南康（今江西星子县）知军。淳熙八年三月至八月，朱熹任江南西路茶盐常平提举，来到抚州常平司官邸。在任期间，他募集钱粮赈济灾民，

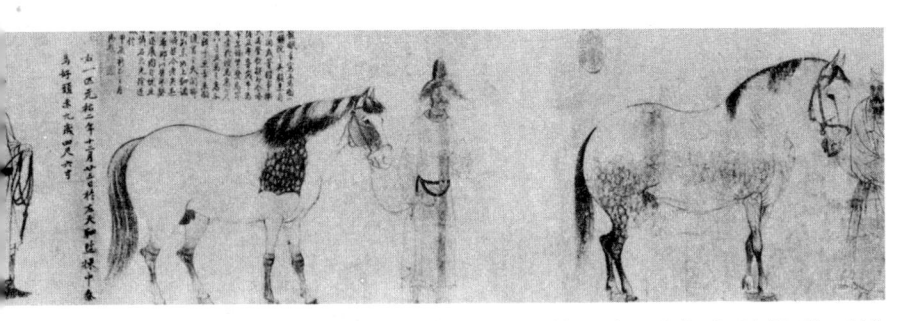

百姓得以安生。拟调直秘阁，他以捐赈者未得奖赏不就职。宰相王淮以浙东大荒，改荐朱熹为浙东常平提举。待捐赈者得到奖励，他才赴绍兴就职。

淳熙九年秋，朱熹离任自浙江返闽，路过上饶，与当时退居的辛弃疾有过一面之缘。而陈亮与朱熹虽然在思想学术上并非同道，却对朱熹其人其学十分尊重，曾称其为"人中之龙"，且自淳熙九年后，陈亮与朱熹过从甚密，连朱熹每年过生日，他都要略备薄礼，以示祝贺。

朱熹为什么没有参加这次难得的辛陈鹅湖之会呢？在他给陈亮的信中说："奉告老兄，且莫相揣掇，留取闲汉在山里咬菜根，与人无相交涉，了却几卷残书，与村秀才子寻行数墨，亦是一事。古往今来，多少圣贤豪杰，韫经纶事业不得做，只恁死了何限，顾此腐儒又何足为轻重，况今世孔孟、管葛自不乏人也耶。"当然，这只是朱熹的自谦之词。或许，个人见解不尽相同，也是他不愿意去参加这次政治色彩颇为浓厚的鹅湖聚会的原因吧。

英雄暮年　宫留余恨

宋光宗绍熙二年（1191年）末，辛弃疾被任命为福建提点刑狱。绍熙三年（1192年）春，辛弃疾从铅山启程赴闽，赋词《浣溪沙·壬子春赴闽宪别瓢泉》一首与山间诸友相别：

细听春山杜宇啼，一声声是送行诗。朝来白鸟背人飞。　对郑子真岩石卧，赴陶元亮菊花期。而今堪诵《北山移》。

上片写景。退居十载，一朝出仕，辛弃疾并没有那种"春风得意马蹄疾"的快感，相反，他的感觉却是"细听春山杜宇啼，一声声是送行诗。"竟然把"道声声不如归"的杜宇啼鸣，比喻为给他唱的"送行诗"。杜宇，即杜鹃。相传蜀王杜宇死后化为子规，其鸣声凄厉，能牵动旅客怀归之思。这里说"送行",是嘱他别忘归来之意,表达了作者未出行即思归乡的心境。"朝来白鸟背人飞。"白鸟,即沙鸥。辛弃疾曾把沙鸥看成是自己的盟友,这些平日与他结盟的友伴们,在他临行之际,竟然也不忍相别,背着他飞走了。杜鹃的叫声、白鸥的飞走,落笔之处,尽是凄凉之意!

下片"对郑子真岩石卧,赴陶元亮菊花期"一句,引用了两个典故。《杨子法言·问神篇》曰:"谷口郑子真,不屈其志而耕乎岩石之下,名震于京师。"陶元亮,即陶渊明,据《续昔阳秋》记载:"陶潜九日无酒,出篱边怅望久之,见白衣人至,乃王弘送酒使也。即便就酌,醉而后归。"这里作者是说,对于郑子真、陶元亮这两位前代声名卓著的真正的"隐者",自己已无颜再见他们了。《北山移》,指《北山移文》,南齐孔稚圭著。据《文

选之臣注》说，南齐周彦伦，临隐钟山，后应诏出为海盐县令，欲过钟山，热爱山水，不乐世务的孔稚圭借山灵的口吻写了一篇《北山移文》，拒绝周彦伦再到钟山来，并对那些贪图官禄的假隐士们，进行了辛辣的嘲讽。作者用郑子真、陶元亮、《北山移文》三个典故，表述了自己这时的心境。他感到，这次出山，与其说是为国家建功立业，不如说是对这些年来久已习惯了的"隐逸生涯"的背叛。

辛弃疾退隐时期，犹不忘恢复，出而任帅臣，不仅用心治政，更时时忧虑恢复大事。绍熙三年秋，他曾被召回京，并受到宋光宗的召见，他上疏《论荆襄上游为东南重地》。在奏论中，他提出要固守江南，必先加强荆湖北路和襄阳地区的军备力量。主张合荆、襄为一路，使首尾呼应，守备自然可固，而一待金国有乱，中原豪杰或有应时而起者，宋亦可以乘时而动，攻守自若。

可惜，宋光宗似乎并没有"居安思危"的政治远见和才能，所以辛弃疾此次诏对，结局依然是不了了之。绍熙五年（1194年）秋七月，宋光宗禅位于皇太子扩，是为宋宁宗。同月，辛弃疾遭右司谏黄艾弹劾，被罢帅任，主管建宁府武夷山冲佑观。两个月后，御史中丞谢深甫再奏辛弃疾"交结时相，敢为贪酷"，降充秘阁修撰。辛弃疾退归上饶以后，又遭御史中丞何澹奏劾，其秘阁修撰的贴职也被免去。宋宁宗庆元二年（1196年），辛弃疾再遭言官论列，主管武夷山冲佑观的祠官最终也被罢掉了。

再次被弹劾退居，对辛弃疾思想上的打击是非常大的，他作词"叹人生不如意事，十常八九"，谓"心似风吹香篆过，也无灰"，等等，都反映出一种悲凉的情绪。

嘉泰元年（1201年）秋，殿前都指挥使吴曦被任命为兴州都统制，宋宁宗的北伐意向比较明显。次年春，解除学禁，追复赵汝愚、朱熹，一批久被闲置的人臣也先后被起用。嘉泰三年夏，时已六十四岁的辛弃疾离别

宋宁宗像

了铅山瓢泉，出任知绍兴府兼浙东安抚使。

嘉泰三年冬，金国内部因旱灾、农民起义等，政局混乱，害怕宋朝乘隙北伐，遂下令禁止襄阳地区与宋朝边地的贸易往来。这些迹象引起了宋廷的注意，十二月，宋宁宗召辛弃疾进京面圣。对辛弃疾一再勉励，对恢复之事寄予了极大的希望。

嘉泰四年春，辛弃疾抵临安，受到宋宁宗的召见。辛弃疾分析了金国内部政局的变化，建议宁宗将恢复事托与朝廷大臣，积极准备，见机行事。召见之后，辛弃疾被加职宝谟阁待制，提举佑神观，随朝臣早晚陛见。三月，朝廷命辛弃疾出知镇江，这无疑给了辛弃疾一个直接展示其军事才能的机会，对已经六十五岁的辛弃疾来说，这也许已是最后的机会了。

辛弃疾到任之后，便马上筹备北伐之事。他下令招募壮丁，派遣谍报人员深入金国境内，打探金兵部署、粮草供应等情况，以做到知彼知己。不幸的是，辛弃疾没有等到北伐的开始，在开禧元年（1205年）秋，因一举荐不当的小错误被调离镇江，改知隆兴府，随即被劾罢官。

开禧二年（1206年）春，一场没有得到充分准备的北伐开始了。宋军先是小胜，继则连吃败绩。金兵渡淮与宋相持，形势对宋廷十分不利，几经交手，终以宋朝的失败而告终。在此期间，辛弃疾又被任命知绍兴府，辞免。开禧三年（1207年），重归铅山瓢泉，八月得病；九月初十日，这位空怀一腔恢复之志却始终不得施展其抱负的伟大的爱国志士和词人，带着遗憾走完了自己悲剧的一生，带着满腔悲愤告别了自己无力功成的恢复大业而撒手人寰。

从"沙场秋点兵"到"却道天凉好个秋"；从为国去疾去病到细参辛字，而今识得辛酸滋味，再到自号"稼轩"，盟友鸥鹭，辛弃疾走过了一位爱国志士、爱国词人的路。梦想着金戈铁马、驰骋疆场的英雄走完了壮志难酬的岁月，可是，随着时光的流逝，人们发现，这位在现实生活中梦想成空的英雄，在文坛却留下了不朽的词作，他比自己同时代的皇帝、大臣们更加耀眼生辉。或许，英雄不是创造历史的全部，但至少是成全历史的风骨！

辛弃疾墓，位于江西省上饶市铅山县。

中华爱国人物故事
ZHONGHUA AIGUO RENWU GUSHI